RÉPERTOIRE

DRAMATIQUE

DES AUTEURS CONTEMPORAINS.

N. 213.

Théâtre des Folies-Dramatiques.

AU CROISSANT D'ARGENT,

COMÉDIE-VAUDEVILLE EN DEUX ACTES.

50 CENTIMES.

PARIS,

BECK, ÉDITEUR,

Rue du Cimetière-Saint-André-des-Arcs, 13, et rue Feydeau, 13.

TRESSE, successeur de J. N. BARBA, Palais-Royal.

1842.

AU
CROISSANT D'ARGENT,

COMÉDIE-VAUDEVILLE EN DEUX ACTES,

PAR MM. DE VILLENEUVE ET HIPPOLYTE LE ROUX,

Représentée, pour la première fois, sur le théâtre des Folies-Dramatiques, le 10 juin 1842.

PERSONNAGES.	*ACTEURS.*
LE ROI (15 ans)......................................	Mlle Angelina Legros.
LE DUC DE BEAUFORT (30 ans)........................	M. Anatole.
BARNABÉ, mercier (45 ans)...........................	M. Bernard-Léon.
CÉLESTE, sa femme (20 ans).........................	Mme Maria Saint-Albin.
MAGLOIRE, commis mercier............................	M. Palaiseau.
DUMONT, sous-gouverneur du roi......................	M. Ferdinand.
Deux Valets du duc de Beaufort.	
Un Tambour.	
Suite du roi.	

La scène se passe à Paris, pointe Saint-Eustache, après la minorité de Louis XIV.

ACTE I.

Le théâtre représente l'intérieur d'une boutique de mercier. Fond vitré avec porte donnant sur un vestibule, lequel est ouvert sur la place Saint-Eustache. Des deux côtés de cette porte, montres garnies de rubans, de dentelles et d'étoffes de tous genres. Au premier plan, à droite du spectateur, la porte d'une petite cour, et, au deuxième plan, porte d'une pièce à l'intérieur. Au premier plan, à gauche, porte d'un couloir ouvert sur la petite rue Traînée. Au dernier plan, les premières marches d'un escalier conduisant au premier étage. Entre la porte et l'escalier, de ce côté, un comptoir avec cartons de rubans, etc.

SCÈNE I.

MAGLOIRE, seul, tenant un balai à la main.

Allons, bon! six heures du matin! V'là l'angelus qui finit de sonner à Saint-Eustache... et il n'y a guère que deux heures que je m'étais endormi... (Il bâille.) Ah! dire que c'est comme ça pour moi tout le long de la semaine, chez M. Barnabé, gros mercier de la pointe Saint-Eustache, à l'enseigne du *Croissant d'argent...* et de plus sergent dans la garde bourgeoise... ce qui, au jour d'aujourd'hui, est un état qui en donne pas moins de mal que l'autre... Grâce à Madame la Fronde, qui fait assez crier, Dieu merci, et tout le monde à la fois... Les uns c'est: (Criant.) Vive le roi!.. Vive la régente et le cardinal! Les autres: (Changeant de ton.) A bas le Mazarin!.. Vivent les princes!.. Vive le duc de Beaufort!.. — Et le patron, lui, au milieu de tout ça: (A gorge déployée.) Fermez la boutique!.. On se bat! Tirez les contrevens!.. (Riant.) Ah! ah! ah! Au lieu d'avoir peur pour sa femme, *la belle mercière*, comme l'intitulent les muguets de la cour et de la ville, qui viennent papillonner à son comptoir... (Relevant des petits papiers de diverses couleurs.) Tenez, en v'là-t-il de ces déclarations que je ramasse tous les matins?.. et avec des odeurs!.. (Les aspirant.) Hum!... Ça sent le poulet!.. La prose, je la balaye... les *versses*, sont quelquefois stupides, mais ils se placent très bien chez *le Fidèle Berger* de la rue des Lombards, à 12 deniers du quatrain... C'est gentil, et ça me fait un petit revenu innocent.

Air de la Famille de l'Apothicaire.

Des amoureux comme chéz nous,
La foule est constamment bernée,
Pour lors de tous leurs billets doux,
C'n'est pas changer la destinée...
Qu' la bourgeois' pour ses tir'bouchons,
Chaque soir s'en serve par bottes,
Ou l'confiseur pour ses bonbons...
Ça fait toujours des papillotes.

Ah! La v'là qui descend... Mettons son comptoir en ordre... (Il arrange le comptoir.) Toujours rieuse et avenante... c'est pas comme le patron... (Bâillant et se frottant les yeux.) Dieu! que j'ai envie de dormir!..

SCÈNE II.

MAGLOIRE, CÉLESTE.

CÉLESTE, *entrant gaîment par l'escalier de gauche, avec des billets à la mains.*

Ah! ah! En voilà, parbleu! de plus audacieux que les autres! jusques dans les poches de mon tablier!

(Elle les déchire.)

MAGLOIRE, *les ramassant.*

Encore des *fidèles bergers!* (Développant un des papiers et lisant avec emphase.) Voyons donc ça :

Chez la belle mercière, où volent tous les cœurs,
Comme on a ses rubans, que n'a-t-on ses faveurs? »

Oh! Que c'est mirliton!.. (Les mettant dans sa poche.) Papillotes!.. Quand ça serait même des *versses* du roi de France!..

CÉLESTE, *brusquement.*

Hein?.. Que dites-vous?..

MAGLOIRE.

Je dis: Quand bien même ça serait un *madrigau* du roi de France!.. Toujours des papillotes!.. Nous avons trop de vertu au *Croissant d'argent!..*

CÉLESTE, *contrariée.*

C'est bon!.. c'est bon, Magloire!.. Occupez-vous du magasin...

(Elle passe à gauche et va s'occuper dans le comptoir.)

MAGLOIRE, *à part, à l'extrême droite.*

Tiens, tiens, tiens, c'est drôle!.. Chaque fois qu'on parle du roi devant la bourgeoise, ça a l'air de l'émoustiller... surtout depuis ce fameux bal... Oh! vous me direz: Toutes les femmes sont comme ça en France... depuis la majorité de sa petite Majesté. (L'observant.) Voyez-vous? la v'là devenue pensive...

UN TAMBOUR, [*] *entrant par le fond, et remettant un papier sur le comptoir.*

Pour le sergent Barnabé...

MAGLOIRE.

Une garde!..

CÉLESTE.

Encore!..

[*] *Costume bourgeois, avec râpière, chapeau en feutre rabattu et le porte-baguettes en sautoir.*

LE TAMBOUR.

Par échange de tour, d'après une indisposition du sergent Campion.

(Il sort.)

MAGLOIRE, *courant après lui et criant.*

Mais, moi aussi, je suis indisposé, tambour... vû que c'est moi que le bourgeois fait veiller sur la mercerie pendant qu'il va veiller dessus la France!.. (Redescendant la scène.) A preuve que j'en sèche à vue!.. J'en deviens un véritable haricot vert!.. Ce n'est pas comme le patron! il aime ça d'aller patrouiller, et attraper des rhumes de cerveau... qu'on est toujours occupé à lui répéter... *Dieu vous bénisse.* (Venant à Céleste, avec dépit comique.) Savez-vous, bourgeoise, ce que je lui dirais une bonne fois, moi, à votre place... moi, une si belle femme!..

Air de Turenne.

« Mon cher époux, je suis vraiment trop bon
« D'êtr' si souvent veuve avec un mari... »
Et j'ajouterais: Si quelqu' chose m'étonne,
« C'est de ne pas en aimer d'autr's que lui... »
N' faut pas pour ça, bourgeois', rougir ainsi !..
A s' déclarer qu'un muguet se hasarde,
C'est naturel, quand il voit que, chez nous,
Chaqu' fois qu' la femm' reçoit un billet doux...
Le mari r'çoit un billet d' garde.

CÉLESTE, *quittant le comptoir.*

Sans doute, mon mari a tort de me laisser si souvent seule... Mais n'est-il pas excusable d'avoir maintenant l'esprit un peu frappé, et de ne voir partout que périls et troubles... après ce qui s'est passé sous ses yeux, à cette fête donnée par M. Gaston d'Orléans au palais du Luxembourg, et où nous nous trouvions admis avec quelques notabilités du commerce et de la bourgeoisie?..

MAGLOIRE.

Oui, c'te fameuse conspiration des rubans *jonquilles* que le patron avait fournis lui-même, sans se douter qu'il était l'instrument... Quel guêpier!.. (Prenant un ton câlin.) Bourgeoise, vous seriez bonne autant que femme agréable... si vous vouliez me conter la chose?.. car je n'ai jamais saisi le fil de la trame... (A part.) et puis ça me fera peut-être passer mon envie de... (Il se frotte les yeux.) Hum!..

CÉLESTE, *avec une émotion croissant jusqu'à la fin.*

C'était un signe de ralliement entre les frondeurs qui, se resserrant tout-à-coup autour de Sa Majesté, l'avaient enlevée au milieu d'une sarabande, et allaient l'entraîner à Chantilly dans un carrosse aux armes du prince de Condé, où, de concert avec le duc de Beaufort, on l'aurait contraint à signer l'exil du cardinal... lorsque l'irrésolution de Monsieur donna l'éveil...

MAGLOIRE, *fermant la paupière.*

Ah! v'là donc le fin mot des rubans?.. Ça m'attache...

CÉLESTE.

Cette coupable tentative venait d'être heureusement déjouée... Le roi était sauvé!.. et lorsqu'il rentra dans le bal, calme après le péril

des transports universels l'accueillirent !.. (Magloire dort debout et chancelle sur ses jambes ; jeu
continué.) Moi, j'étais toute saisie... Je ne sais
ce qui, alors, se passa dans mon âme ?.. Mais
lorsqu'ensuite il s'approcha des dames pour les
rassurer avec une grace charmante, et qu'arrivé
près de moi il s'arrêta... il m'a semblé qu'il se
troublait... ses traits étaient agités... Il m'adressa
quelques paroles bienveillantes... je crois même qu'il parla de venir, s'il le pouvait, visiter
bientôt le *Croissant d'argent*... Mais mon trouble était si grand !.. j'entendais à peine, je ne
voyais plus... je n'étais plus mercière, ni lui
roi !.. J'étais folle !.. j'étais... (S'arrêtant avec
effroi.) Ciel qu'ai-je dit ?.. (Jetant les yeux sur Magloire, avec joie.) Non, il dort !..

MAGLOIRE, s'éveillant en sursaut.

Plaît-il !.. Continuez, bourgeoise, je vous suis
très bien... Monsieur vient de donner l'éveil !..

CÉLESTE, reprenant sa gaîté.

Comment, Magloire, vous en êtes encore là ?
Ah ! ah !

MAGLOIRE, d'un ton piteux.

Pardon !.. aussi, la bourgeoise... Mais quand
on est tous les jours réveillé dès l'aube...

CÉLESTE, riant.

Oh ! je ne vous en veux pas... au contraire...

MAGLOIRE.

Est-elle bonne ?.. l'est-elle ?..

ΘΘΘΘΘΘΘΘΘΘΘΘΘΘΘΘΘΘΘΘΘΘΘΘΘΘΘΘΘΘΘΘΘΘ

SCÈNE III.

CÉLESTE, LE DUC DE BEAUFORT , MAGLOIRE.

LE DUC, au fond, sur le perron, enveloppé d'un large manteau, et coiffé d'un feutre rabattu sur les
yeux, et s'adressant à quelques seigneurs qui paraissent sur le perron.

Au revoir, Messieurs ; et surtout préparez vos
doublons, car, avant huit jours, j'aurai gagné
ma gageure ! (Entrant.) C'est elle !..

CÉLESTE.

Que vois-je !.. (S'inclinant.) Monseigneur le
duc de Beaufort !

MAGLOIRE, reculant et criant.

Le duc de Beaufort !

LE DUC, riant.

Chut ! donc, butor !.. Je tiens à garder l'in-
cognito, surtout dans le quartier des halles, où
mon nom est un peu trop populaire.

CÉLESTE, étonnée.

Mais... depuis les derniers événemens, on
disait Votre Altesse exilée dans sa seigneurie
du Languedoc ?

LE DUC, gaîment.

Oh ! du tout, éloignement de simple prudence... Le Mazarin est trop Italien, pour faire de
la persécution ouverte contre les chefs d'une
entreprise manquée !.. D'ailleurs, c'est un vrai
jeu de dupe que je jouais là, en société d'intri-
gans qui ne faisaient qu'exploiter ma crédulité...
Mais, Dieu merci, je n'ai pas oublié certaine
fable de Phèdre, et je renonce à tirer les
marrons du feu pour le compte de Madame la
Fronde !

CÉLESTE, avec feu.

Vraiment , Monseigneur !.. C'est une noble
action que de vous railler à la cause du roi...
si jeune et si intéressant déjà par ses malheurs,
troublé dans les jeux de son âge, dans ses le-
çons, et jusque dans le repos de ses nuits ! Ah !
je suis heureuse de vous entendre...

LE DUC.

Tudieu ! quelle ardeur, la belle !.. En effet,
j'oubliais que maître Barnabé est cité dans la
corporation des merciers pour son zèle royalis-
te !.. Eh bien ! il ne dépend que de sa jolie femme de me convertir ? (La cajolant.) Ventre-saint-
gris !.. comme disait Henri IV, dont je des-
cends... du côté des femmes... Cette Fronde me
rouillait !.. J'ai besoin de retremper ma vieille
réputation de galanterie... Et je ne pouvais
mieux m'adresser qu'à la belle mercière !..

(Il veut lui prendre la taille.)

MAGLOIRE , à part.

Bon ! v'là les princes du sang qui s'en mê-
lent... le bourgeois monte en grade.

CÉLESTE, évitant le duc et lui présentant plusieurs
cartons.

Grand merci, Monseigneur... tout mon magasin est à votre service.

Air : Dentelles de Bruxelles.

Voyez, voyez, rubans, dentelles,
Les parures les plus belles,
Les modes les plus nouvelles.
Ma voix appelle les chalands...
Mais toujours rieuse et folle,
    Désole
  Les amans.

PREMIER COUPLET.

  Si quelque belle
  Vous est rebelle,
  Si la cruelle
  Vous fait languir;
  Dame ou fillette,
  Sage ou coquette,
  J'ai la recette
  Pour l'attendrir.

REPRISE ENSEMBLE.

CÉLESTE et MAGLOIRE, avec un carton du côté
opposé.

  Voyez, voyez, rubans, etc.

LE DUC, avec dépit.

Au diable ! ici, rubans, dentelles !
Les parures les plus belles,
Et mille autres bagatelles !
Mais si j'augmente tes chalands,
Il faut qu'avant je désole
    Et vole
  Tes amans.

(Il veut lui prendre encore la taille, elle s'enfuit à
droite.)

MAGLOIRE , d'un air goguenard, arrivant au
milieu.

On n'attend que la commande de Votre Altesse ?

4

LE DUC, d'un air suffisant, à part.

C'est juste, le courtaud était là !.. S'il ne s'agit que de l'éloigner... (Détachant une aiguillette de sa soubreveste, haut.) Tiens, courtaud... du ruban pareil à cette aiguillette !

MAGLOIRE, d'un air capable.

Bleu ciel satiné... quel aunage faut-il à Monseigneur ?

LE DUC, impatienté et le repoussant au fond.

Cent, deux cents aunes... ce que tu voudras !

MAGLOIRE.

Voilà... c'est dans la montre sur la rue.

(Il sort au fond.)

LE DUC, se rapprochant vivement de Céleste.

DEUXIÈME COUPLET.

Enchanteresse,
Mon cœur délaisse,
Duchesse, altesse,
Tout ça pour toi.

CÉLESTE, riant.

Quelle folie !
Sa seigneurie,
A-t-elle envie
De me plaire, à moi ?

REPRISE DE L'ENSEMBLE.

CÉLESTE et MAGLOIRE.

Voyez, voyez, rubans; etc.

LE DUC.

Au diable, ici, rubans, etc,

(Céleste échappe aux efforts du duc et sort par l'escalier à gauche.)

SCÈNE IV.

LE DUC, seul.

Disparue !.. Elle se moque de moi... de moi, prince du sang !.. Que faut-il donc aux mercières?.. Serait-ce une vertu, par hasard?.. Et moi qui ai parié ce matin deux cents louis d'or avec Chavigny, qu'elle m'appartiendrait avant lui... ou plutôt y aurait-il quelque amant sous jeu?.. Chavigny lui-même, peut-être ; au fait, son air d'assurance... Ventre-saint-gris ! ma vanité s'engage!.. C'est maintenant, entre nous deux, guerre déclarée... Au plus adroit ! Mais quel moyen employer ?

(Il passe à droite.)

SCÈNE V.

MAGLOIRE, LE DUC ; puis, VALETS DU DUC.

MAGLOIRE, un carton à la main.

Monseigneur, v'là tout ce que j'ai trouvé... bleu barbeau.

LE DUC, faisant sauter le carton et les rubans.

Va au diable !

MAGLOIRE, à part; en les ramassant.

Oh! oh! grand méprisant! (Haut.) Pour lors, si Monseigneur aime mieux avoir affaire au bourgeois lui-même... qu'il le dise.

LE DUC, se contenant mal.

Le drôle aussi me nargue !

MAGLOIRE.

Parce que, dans ce cas-là... j'irais le réveiller.

LE DUC, riant.

Comment, maître Barnabé se permet de dormir encore à l'heure qu'il est ?

MAGLOIRE.

Je crois bien, quand on passe les trois quarts et demi de ses nuits à veiller...

LE DUC, vivement.

Ah bah !.. Serait-il jaloux ?

MAGLOIRE, avec un gros rire.

Lui?.. Oh! allons donc !.. Il est sergent de la garde bourgeoise... et avec passion, avec fanatisme !.. surtout depuis l'aventure de vos rubans jonquilles... il n'en dort pas, il ne rêve plus que frondeurs, signes de ralliement... c'est son cauchemar politique !

LE DUC, riant.

Ah! ah! ah! vraiment? (A part.) C'est bon à savoir.

MAGLOIRE.

C'est au point qu'on le met de garde plutôt trois fois qu'une... il l'a descendue l'autre avantz-hier, et il l'a remonte ce soir.

LE DUC, à part, avec feu.

Cette nuit, de garde!.. Quel espoir!.. Avant de me rendre au bal de Mme de Soissons... Oui, oui, pourquoi pas?.. mais ce garçon... (Haut et négligemment.) Voyons donc d'autres rubans, mon ami ?..

MAGLOIRE, flatté.

A la bonne heure... toujours dans les bleus, Monseigneur ?

LE DUC, s'appuyant familièrement sur lui.

Oui, dans les bleus, mais moins barbeau.

MAGLOIRE.

Vous me faites honneur, Altesse... Nous avons ça dans le magasin du premier.

LE DUC, vivement.

Au premier?.. Va vite, courtaud !

MAGLOIRE, se dépêchant et montant rapidement l'escalier.

J'y vole, Altesse !

LE DUC, à la cantonnade.

Oh! prends ton temps... cherche, courtaud, cherche... (Puis lorsqu'il a disparu; le Duc se dirige vers la porte du fond.) Il n'est plus là, c'est ce que je voulais... (Appelant.) Holà ! Germain ! Champagne !

(Deux valets paraissent et se placent à ses côtés.)

TOUS DEUX, s'avançant.

Monseigneur...

LE DUC, à voix basse, sur le devant de la scène.

Écoutez bien. La mercière fait la cruelle... il faut qu'à tout prix je l'emporte sur Chavigny.

LES VALETS.

Ordonnez...

(Magloire reparaît avec un carton et se cache dans le comptoir.)

LE DUC, bas.

A minuit...

MAGLOIRE, répétant.

A minuit !

LE DUC.

L'enlèvement.

MAGLOIRE, à part.

L'enlèvement... de qui ?.. de la bourgeoise?

LE DUC.

L'ennemi sera loin.

MAGLOIRE, bas.

L'ennemi !.. le patron au corps-de-garde !

LE DUC.

Attendez le signal, cachés dans l'ombre.

LES VALETS.

C'est entendu !

MAGLOIRE, se contenant mal.

C'est entendu !

LE DUC, se retournant en même temps que Magloire
se renfonce dans le comptoir.

J'avais cru que quelqu'un...

LES VALETS.

Personne !

LE DUC.

Vite, maintenant, l'examen des lieux.

(Musique à l'orchestre.)

UN VALET, ouvrant la porte à droite.

Une arrière-cour sans issue.

LE DUC, regardant par la serrure de celle de gauche.

Un couloir ouvrant sur la petite rue Traînée.

DEUXIÈME VALET, montant quelques marches du
premier.

L'appartement de la femme, sans doute.

LE DUC, riant et refermant la porte de droite au
fond.

Une chambre basse où ronfle le mari.

ENSEMBLE, à demi-voix.

Air de la Retraite.

LE DUC et LES VALETS.

C'est à merveille,
    Filons doux,
Que l'amour veille
Mieux que l'époux.
Oui, du mystère,
En tout cela,
Et la mercière
M'appartiendra.
Lui reviendra.

MAGLOIRE.

Ma pauvre oreille,
    Cornez-vous,
Chose pareille
S' passer chez nous !
Oui, du mystère,
En tout cela,
Et la mercière
L'échappera.

LE DUC, avec assurance.

Ah ! de moi, coquette qui te joues,
A mon char, ce soir, nous t'enchaînons.

MAGLOIRE, à part, sous le comptoir.

Oui-dà, mon beau seigneur, dans vos roues,
Je suis là pour jeter des bâtons.

REPRISE DE L'ENSEMBLE.

(Le Duc et les valets sortent mystérieusement par le

fond. Magloire quitte impétueusement le comptoir, son carton sous le bras et se démenant.)

MAGLOIRE.

Saperlotte !.. en v'là d' la scélératesse !.. Les
rubans, c'était pour m'entortiller... (Courant au
fond.) Mais, minute !.. je ne te perds pas de vue,
et pour commencer... (Dans sa précipitation à
franchir la porte, il traverse un carreau avec son
carton.) Bon ! une vitre !.. 36 sous, c'est égal !

(Il disparaît.)

SCÈNE VI.

CÉLESTE, BARNABÉ.

CÉLESTE, paraissant sur l'escalier.

Qu'est-ce, Magloire? que faites-vous donc?

BARNABÉ, du côté opposé, tout effaré, coiffé de
nuit, avec une robe de chambre.

Hein ?.. on se bat ?.. Fermez la boutique...
tirez les contrevens... Des barricades... Magloire !

CÉLESTE, riant.

Eh! rien de tout cela, mon Dieu !.. qu'une
vitre brisée par maladresse.

BARNABÉ, après avoir regardé autour de lui, d'un
air effaré.

C'est singulier... je rêvais qu'on battait la
générale... et j'ai été réveillé par un coup de
mousquet !

CÉLESTE, riant.

C'était la vitre.

BARNABÉ.

C'est ma foi vrai... N'importe, je n'en suis
pas plus rassuré... (D'un ton de profondeur comique.) L'horizon est chargé de nuages !

CÉLESTE, continuant à se moquer de lui.

Il fait un temps superbe, et tout est d'une
tranquillité...

BARNABÉ.

En apparence... Mais si j'en crois des indices
certains... comme ce que j'ai vu hier en traversant la rue Aubry-le-Boucher...

CÉLESTE.

Quoi donc ?

BARNABÉ.

Des gens attroupés devant le cabaret de
Saint-Crépin.

CÉLESTE.

Des ivrognes.

BARNABÉ.

En d'autres temps, c'est possible !.. mais dans
ceux-ci... et plus loin, rue du Puits-qui-parle,
des soldats du guet qu'on battait comme plâtre.

CÉLESTE.

Ça s'est toujours fait...

BARNABÉ.

Moins qu'aujourd'hui... Enfin, lundi soir, à
neuf heures, en passant près du charnier des
Innocens... je m'étais tu pour ne pas t'effrayer;
mais j'ai été poursuivi par un inconnu mystérieux d'une taille gigantesque !

(Grand mouvement.)

CÉLESTE.

Et pourquoi voulez-vous qu'on vous pour-
suive ?

BARNABÉ , avec force.

Pourquoi?.. pour mon attachement à la bonne
cause et mon grade de sergent !.. Cet homme
avait de mauvaises intentions, bien sûr.

CÉLESTE.

L'avez-vous vu ?

BARNABÉ , vivement.

Au contraire, je ne me suis pas retourné...
mais quand je marchais, il marchait... quand
je courais, il courait aussi... et son ombre se
dessinait devant moi en zig-zag.

(Il imite le mouvement.)

CÉLESTE , s'éclatant de rire.

Ah! ah! c'était la vôtre !

BARNABÉ , avec humeur.

Très bien, chère amie... je sais depuis long-
temps que tu ne peux pas me comprendre; soit,
tout est tranquille... mais, comme répète souvent le voisin Pigache : « Il n'est pire eau que
l'eau qui dort. »

CÉLESTE.

Bah! votre voisin Pigache ferait bien mieux
de vendre sa rhubarbe, et vous vos rubans...
ça rapporte plus que la politique.

BARNABÉ , changeant de ton.

Parlons d'autre chose, chère amie !

CÉLESTE , riant et lui remettant le billet de garde.

Volontiers... Par exemple, de ce billet de
garde qu'on vient d'apporter... pour ce soir.

BARNABÉ , vivement, en lisant.

Voyons !.. le sergent Campion indisposé...
plus de doute, il y aura quelque chose... c'est
un poltron d'instinct... c'est mon baromètre
politique... (Avec force.) Et je manquerais à l'ap-
pel, jamais ! (Il éternue.) Atchim !.. le service
avant tout... atchim !

Air : Le beau Tambour-major.

PREMIER COUPLET.

Dès que l' bruit du tambour
Nous appelle,
Rempli de zèle,
Je suis avec amour,
Connu pour
Marcher nuit et jour.
Rapatapla.

(Il marche au pas.)

Oui, certe, on peut nous voir,
Superbes sous les armes,
Dissiper les alarmes.
Lorsqu'arrive le soir,
A l'abri des frayeurs,
Et malgré la nuit sombre,
C'est nous tous qui, dans l'ombre,
Faisons fuir les voleurs !

(Parlé.) Hein! Qui va là?.. Rien... Je croyais que
c'en était un... (D'un air belliqueux.) N'avance
pas, brigand! car...

Dès que l' bruit du tambour, etc.

(Il marche au pas sur l'accompagnement.)

DEUXIÈME COUPLET.

CÉLESTE , d'un ton mystérieux et ironique.
Mais, parfois, maint époux
Va, délaissant sa femme,
Bien loin guetter la trame
D'audacieux filous,
Sans soupçonner, hélas!
Que chez lui se faufile
Un voleur plus habile,
Qu'il ne poursuivait pas.

BARNABÉ , parlant.

Hein ! que voulez-vous dire, Mme Barnabé ?
C'est une plaisanterie pour m'effrayer... mais la
garde bourgeoise ne se laisse pas intimider pour
si peu... Non, non !

REPRISE ENSEMBLE.

Dès que l' bruit, etc.

SCÈNE VII.

CÉLESTE, MAGLOIRE, BARNABÉ.

MAGLOIRE , accourant.

Ah! là, là, là, le bourgeois !.. la bourgeoise!
grande nouvelle... le roi avec toute sa suite qui
sort du parlement !

BARNABÉ.

Du parlement !

MAGLOIRE.

Eh ! oui, pour un édit qu'ils ont rendu contre sa volonté, à ce qu'on dit... Alors, il a
quitté une partie de chasse dans le bois de Vin-
cennes, pour venir tout botté, éperonné, et le
fouet à la main, laver la tête à ces vieux bon-
nets carrés... V'là un roi qui promet !

BARNABÉ , hors de lui.

Quel événement!

CÉLESTE , avec feu.

Et quelle noble audace, à son âge !..

MAGLOIRE.

Je crois bien !.. Je n'en ferais pas autant,
moi qu'a vingt-deux ans !.. Mais à c't' heure...
autre histoire !..

BARNABÉ , à Céleste, vivement.

Encore !..

MAGLOIRE , à Céleste, avec embarras.

Pour celle-là... pardon , la bourgeoise...
c'est le patron... c'est le patron que ça con-
cerne... individuellement.

BARNABÉ.

Allons, parle vite !..

(Céleste va au comptoir.)

MAGLOIRE , prenant Barnabé à part.

Et bas... bas... surtout... Défiez-vous du
duc de Beaufort.

BARNABÉ , sautant sur lui-même.

Il est revenu ?..

MAGLOIRE.

Enveloppé de mystère et d'un grand manteau
marron.

BARNABÉ.

Encore quelque complot !..

MAGLOIRE.

Il disait à un de ses escogriffes de valets :
« A minuit !.. »

BARNABÉ, à lui-même.

A minuit !.. Mes pressentimens ne me trom-
paient pas... Ensuite ?..

MAGLOIRE, bas.

« L'enlèvement !.. »

BARNABÉ, de même.

L'enlèvement... du roi... c'est clair. (Haut.)
Continue...

MAGLOIRE.

« L'ennemi sera loin ! »

BARNABÉ.

Loin, l'ennemi ?.. Le cardinal, à Saint-Ger-
main !..

MAGLOIRE.

Et puis : « Attendez le signal, cachés dans
l'ombre... »

BARNABÉ.

Dans l'ombre !.. quel dessein ténébreux !..
Est-ce tout ?..

MAGLOIRE, d'un ton goguenard.

Pour la forme, il a commandé cent ou deux
cents aunes de rubans bleus pareils...

(Il montre l'aiguillette.)

BARNABÉ, étonné et rêveur.

Du ruban bleu !..

MAGLOIRE.

Mais je ne suis pas dupe...

BARNABÉ.

Ni moi... (A voix basse.) Devant ma femme,
tais-toi !..

MAGLOIRE.

Motus !.. (Ils chantonnent tous deux.) Trr,
trr, trr.
(On entend dans le lointain les cris de : Vive le roi!)

BARNABÉ, sautant sur lui-même, avec effroi.

Hein ?.. on se bat ?.. Fermez la boutique...

CÉLESTE, quittant le comptoir.

Ces cris !..

MAGLOIRE, au fond.

Ben au contraire... ouvrez-là toute grande,
vot' boutique... c'est le roi qui y vient.

CÉLESTE, avec désordre croissant.

Le roi !.. le roi ici !..

MAGLOIRE.

Je ne vous l'ai donc pas dit ?

BARNABÉ.

Eh ! non, maladroit !.. Et ma barbe qui n'est
pas faite !.. Mais, comment l'as-tu su ?..

MAGLOIRE.

Par Perruchot, le commis d'en face, qui l'a
entendu, à la porte du Grand-Châtelet, dire à
sa suite, comme je vous le dis : (Avec imitation
parodiée des gestes et de la voix.) « Messieurs, à
c't' heure que j'ai rempli une promesse... allons en tenir une autre... *au Croissant d'argent*, chez la belle mercière !..

CÉLESTE, à part.

Il s'est souvenu de moi !..

BARNABÉ, avec orgueil.

La belle mercière... c'est ma femme !.. Quel
honneur !..

CÉLESTE.

Oh ! mon Dieu !..

BARNABÉ.

Et ma barbe qui n'est pas faite !.. Si j'avais
le temps... (Cris rapprochés : Vive le roi ! A bas le
Mazarin.) Impossible !.. Magloire... mon habit...
(Il jette sa robe de chambre en courant çà et là.)
Quelle irrévérence ! grand Dieu !..

CÉLESTE, dans le plus grand trouble, à part.

Oh ! comment supporter son regard ?.. Comment ne pas me trahir ?..

BARNABÉ.

Du vinaigre à ma femme, qui se trouve mal.

MAGLOIRE, courant à Céleste avec l'habit.

Voilà, patron !..

BARNABÉ.

Mais, mon habit d'abord.

(Il passe à gauche, où est Magloire.)

MAGLOIRE, lui passant l'habit.

Voilà ! patron, voilà !..

CÉLESTE, à part, cherchant à se remettre et
traversant à droite.

Mais, qu'ai-je donc ?.. Parce que le roi...
presqu'un enfant...*

SCÉNE VIII.

LES MÊMES, LE ROI, précédé par DUMONT,
OFFICIERS et PIQUEURS.

CHŒUR.

AIR : Honneur. (PIQUILLO.)

Honneur !
Bourgeois ou seigneur,
Que l'on fasse
Place !
Lorsque le roi passe,
Honneur !..
Répétons en chœur :
Honneur !

(Pendant le chœur, les cris continuent au dehors.)

LE ROI, entrant, à Dumont.**

Vive Dieu ! M. mon sous-gouverneur, faites
taire ces cris... Vive le roi !.. à bas le Mazarin !
Me glorifier aux dépens du premier ministre...
(Souriant.) Il en faut... (Sévèrement.) Et j'entends
qu'on respecte l'organe des volontés de ma
mère.

DUMONT, s'inclinant.

Oui, Sire...

(Il sort.)

BARNABÉ, avec force.

Magloire, va me chasser tous ces braillards-
là...

MAGLOIRE, imitant Dumont.

Oui, Sire... (Glorieux.) J'ai parlez au roi !..

(Il sort. Les cris cessent. La porte du fond se
referme.)

* Magloire, Barnabé, Céleste.
** Céleste, le Roi, Barnabé, Magloire, derrière le
comptoir ; Dumont, au fond.

BARNABÉ, avec enthousiasme, jusqu'à sa sortie.

Votre Majesté chez moi !.. mettre elle-même les pieds dans ma maison !.. Il y a de quoi la faire passer à la postérité la plus reculée !..

LE ROI, souriant, à part, en regardant Céleste.

Si cela ne dépendait que de moi !.. (Haut, allant à elle.) Vous me voyez, Madame, fidèle à ma parole... Je suis dans mon jour d'audace !.. Ma visite au parlement m'a rendu téméraire... et j'ai voulu profiter de l'occasion... car on ne me laisse pas toujours libre... (Avec un léger soupir.) autant que je le voudrais... (Avec entraînement.) Oh ! sans cela, voilà déjà long-temps que je serais venu vous voir, allez !..

BARNABÉ, passant derrière Céleste, et à demi-voix. *

Què de bonté !.. Réponds donc quelque chose au monarque, ma femme.

CÉLESTE, troublée.

C'est que... sans doute... Votre Majesté n'avait pu douter qu'elle trouverait ici des cœurs reconnaissans et dévoués...

BARNABÉ, passant entre eux.

Bien dit !.. Oui, Sire, et en toute conjoncture, le jour comme la nuit, à pied comme à cheval... la garde bourgeoise... Ah ! dame... c'est que ce bon commerce, quand il crie : Vive le roi !.. c'est comme s'il criait : Vive moi !..

LE ROI, riant.

Voilà de la franchise, au moins.

BARNABÉ, se reprenant.

Sire, pardon !.. ce n'est pas ce que je voulais dire.... mais la commotion... l'émotion... la suffocation... (A part.) Et ma barbe qui n'est pas... (Haut.) Enfin, Votre Majesté veut-elle bien permettre que ma femme lui offre les tissus les plus à la mode... les nœuds de rubans les plus nouveaux ?..

(Céleste se dirige vers le comptoir, Barnabé prend la droite.)

LE ROI, vivement, en la suivant.

Avec plaisir... (A part.) Elle est encore plus jolie qu'au bal !.. **

CÉLESTE, d'une voix émue, et lui présentant plusieurs cartons ouverts.

Voyez, Sire... voilà les plus beaux velours épinglés...

LE ROI.

Oh ! le charmant sourire !..

CÉLESTE.

Des soieries brochées, or et perles.

LE ROI, à part.

Et quelle taille élégante !..

BARNABÉ, se rapprochant d'eux.

Tout ce qu'il y a de mieux... premier choix. Et ne craignez pas d'examiner, Sire, comme c'est doux au toucher.

LE ROI, bas, en pressant la main de Céleste, et la ramenant sur le devant de la scène.)

Oh! pas autant que la main qui les présente... (Haut.) Conseillez-moi, Madame... car, lors de

* Le Roi, Céleste, Barnabé.

** Céleste, le Roi, Barnabé.

la fête de mon oncle... j'ai été, comme tout le monde, émerveillé du bon goût de votre toilette...

BARNABÉ, qui est resté au comptoir, donnant un carton à sa femme. *

Si Sa Majesté daigne jeter les yeux sur ces aiguillettes et ces nœuds de rubans (Appuyant.) plissés par la main de ma femme... Tiens, Céleste, offre-les au roi, pendant que je vais... Permettez, Sire, que je coure réparer un désordre irrespectueux...

(Il se cache le menton.)

CÉLESTE, à Barnabé, avec un mouvement de crainte.

Comment ? vous me laissez ?..

BARNABÉ, bas, et sortant.

Je n'y tiens plus !.. Et ma barbe qui n'est pas faite !..

(Il sort au dernier plan à droite. Elle fait un pas vers lui. Le roi se place entre eux ; elle redescend.)

SCÈNE IX.

CÉLESTE, LE ROI.

CÉLESTE, à part.

Quel embarras !..

LE ROI.

Eh bien ! qu'avez-vous donc ?.. Comme vous tremblez... (A part.) Et moi aussi.

CÉLESTE, émue.

Du tout, Sire... je suis très rassurée... (Présentant le carton.) Votre Majesté veut-elle me dire ce qu'elle préfère ?..

LE ROI, à part, la regardant.

Oh ! je le sais bien... si elle le permettait... (Haut.) Voyons... des colifichets... des fantaisies pour le bal... car je vais ce soir chez Mme de Soissons... ici près, dans son nouvel hôtel de la rue du Four... (Prenant un nœud.) Dieu ! les jolies bouffettes !..

CÉLESTE, voulant le reprendre.

Ça ne vous convient pas, Sire... c'est pour la toilette des dames.

LE ROI, vivement.

Qu'importe ?.. Est-ce vous qui les avez si joliment plissées... Oh ! alors, j'en veux choisir... Mais, avant, vous allez me dire leurs noms... (Mouvement de Céleste.) car je sais qu'elles en ont un... selon la place qu'elles occupent.... Et l'autre jour, ma mère a un peu... rougi, quand je lui ai demandé comment s'appelle celui qu'on porte là...

(Il montre de loin le corsage.)

CÉLESTE, troublée.

Mais, je ne sais alors si je dois...

LE ROI, avec une autorité enfantine.

Je l'exige !..

CÉLESTE, bas.

Comment donc lui expliquer ?..

LE ROI, avec impatience.

J'attends...

* Barnabé, Céleste, le Roi.

CÉLESTE, tirant des nœuds du carton, et avec effort, en portant tour-à-tour le nœud à chaque place qu'elle indique.)

Eh bien! Sire... une coquette met sur le cœur son *mignon*... ici, auprès, le *favori*... le *galant* sur la tête... et le *badin* au bout de l'éventail.

LE ROI.

Fort bien!.. (Appuyant, en montrant le corsage.) Mais... là... où je demandais à ma mère?..

CÉLESTE, baissant les yeux, et posant une bouffette au centre du corsage. Là, Sire?... c'est *l'assassin*!..

LE ROI, sautant sur lui-même, très étonné, et en faisant la grosse voix.)

L'assassin!.. Et pourquoi ce nom terrible?

CÉLESTE.

Dame! je l'ignore... (A part.) Est-il embarrassant, avec ses questions!..

LE ROI, avec autorité.

Si, vous le savez... vous devez le savoir... Et pour être certain qu'il mérite ce titre, je veux..: je veux vous en attacher un...

(Il prend un nœud au comptoir.)

CÉLESTE, passant à droite pendant qu'il passe à gauche.)

Ah! par exemple, Sire... je ne suis pas une coquette, moi!..

LE ROI.

Raison de plus pour ne pas résister... Justement, voici une épingle... (Il s'approche vivement et s'arrête.) C'est singulier!..

ENSEMBLE.

Air : Duo des Beignets à la Cour.

LE ROI, à part.

Dans mon âme, ô ciel! d'où peuvent naître
Cette ardeur, ce trouble tour à tour,
Qui soudain s'emparent de mon être?..
Est-ce donc la frayeur ou l'amour?..

(A Céleste.)

Pour calmer mon effroi,
Rapprochez-vous de moi!

CÉLESTE, à part.

Mais, voyez comme il ordonne en maître!
O mon Dieu! d'où vient que, tour-à-tour,
Dans mon âme ainsi sa voix fait naître
Moins de peur encore que d'amour?
Je palpite d'effroi!

(Au roi.)

Demeurez loin de moi.
(A elle-même, avec trouble.)
Hélas! que faire?

(Au roi, avec un regard suppliant.)
Si l'on vient... ah! quel éclat!

LE ROI.

D'une mercière,
Eh! n'est-ce donc pas l'état?

(Il lui fait signe d'approcher, elle résiste.)

REPRISE DE L'ENSEMBLE, avec cette variante finale.

LE ROI, à Céleste.

C'est trop lutter, vraiment,
C'est de l'entêtement!

CÉLESTE, au roi.

C'est y mettre, vraiment,
Par trop d'entêtement!

CÉLESTE, avec résolution, en faisant un pas pour s'éloigner.

Non, je résiste à vos vœux...
LE ROI, d'un ton d'autorité enfantine.
Non, je suis roi... je le veux!

(Le roi attache le nœud au corsage de Céleste, d'un petit air triomphant, puis, pousse un cri.)

CÉLESTE.

Ciel! vous vous êtes piqué?..
LE ROI, très troublé, et sans la regarder.
Non, non, ce n'est pas cela... c'est le saisissement...

ENSEMBLE.

LE ROI.

O quel bonheur!
Oh! oui, que de bonheur
Pour mon cœur!..

LE ROI, hors de lui.

O mon Dieu!.. ma tête! mon cœur!.. Que se passe-t-il en moi?.. Céleste!.. Céleste!..

(Il court à elle.)

CÉLESTE, toute troublée et le fuyant, reprenant la gauche vers le comptoir au moment où le roi s'est élancé à la droite.

Votre Majesté oublie qu'elle choisissait... des bouffettes... pour aller ce soir au bal chez Mme de Soissons.

SCÈNE X.

CÉLESTE, LE ROI, BARNABÉ, rentrant par le dernier plan à droite en tenue de sergent... costume bourgeois, chapeau de feutre gris rabattu, rapière avec large baudrier, gants militaires à recouvrement, pareils au baudrier; hausse-col dit plat à barbe autour du cou, et hallebarde à la main.

BARNABÉ, qui est entré sur les derniers mots, avec explosion.

Chez la duchesse de Soissons!.. au bal!.. ce soir!.. Qu'ai-je entendu?..

LE ROI, avec dépit.

Eh! bon Dieu!.. qu'avez-vous donc, maître Barnabé?.. Vous m'avez fait une peur... surtout en uniforme!

BARNABÉ, bouleversé.

Au bal, chez la duchesse de Soissons!..

LE ROI.

Sans doute... Qu'y a-t-il d'étonnant?

BARNABÉ, de même.

Une frondeuse!

LE ROI.

Repentie... et l'une de nos plus belles conquêtes sur la fronde!

BARNABÉ, à part, d'un air inspiré.

Comme il s'aveugle !.. La trame se déroule à mes yeux !..

CÉLESTE, présentant de nouveau le carton.

A quelle nuance s'arrête Votre Majesté... bleu clair ou cramoisie ?..

LE ROI, avec feu.

Bleu céleste !.. oui, c'est celle-là que je préfère à toutes !

BARNABÉ, à part.

Lui aussi !.. Deuxième édition du bal de Monsieur ! Seulement, cette fois, au lieu d'être jonquille, il paraît que c'est bleu ?..

LE ROI, à Céleste, toujours avec feu.

Il me semble que cela doit me porter bonheur.

BARNABÉ, avec explosion.

Non, Sire !.. au contraire... craignez... Je ne sais comment vous dire...

LE ROI, riant.

Quoi !.. qu'avez-vous ?.. Ah ! ça, qu'est-ce qu'il lui prend donc, à votre mari ?..

BARNABÉ, à part.

L'inquiéter !.. un roi de quinze ans !.. Il ne me croira pas, comme ma femme.

(On entend le rappel dans le lointain.)

LE ROI.

Qu'est-ce que cela ?..

SCÈNE XI.

CÉLESTE, LE ROI, MAGLOIRE, un peu au fond ; BARNABÉ.

MAGLOIRE, entrant vivement.

Sire, c'est le rappel de la garde montante... sous vot' respect... (A part.) Mais je t'en souhaite du ran plan plan...

(Il prend la droite.)*

BARNABÉ, avec feu.

Oui, Sire... le service qui m'appelle au poste, comme sergent... Ne craignez rien...

MAGLOIRE, regardant Barnabé.

Que vois-je ?.. Il la monte ! (Bas et tirant Barnabé par son habit.) A quoi pensez-vous donc, patron ?.. Eh ben ! et le duc de Beaufort ?..

BARNABÉ, avec mystère.

C'est vrai, tu as raison, Magloire, pour les rubans... Cours vite chez les gros merciers du quartier, et enlève, pour mon compte, tout ce qu'il y aura de bleu clair en magasin. Va.

MAGLOIRE.

Mais, patron...

BARNABÉ.

A tout prix, va !..

MAGLOIRE, le tirant toujours.

Mais ce n'est pas ça que je vous dis...

BARNABÉ, avec force.

Obéis, et tais-toi !

(Il le pousse vers le fond.)

* Magloire, Barnabé, le Roi, Céleste.

MAGLOIRE, revenant à la droite de Barnabé.

Mais, patron, patron...

BARNABÉ, le repoussant plus fort.

Va donc ! (Puis à lui-même, à l'extrême droite, d'un air accablé.) Pour la fronde, du bleu !.. pour le roi, du bleu !.. j'y vois tout bleu !..

MAGLOIRE, avec douleur.

Encore une nuit blanche !..

(Il sort.)

BARNABÉ, prenant sa hallebarde, avec enthousiasme.

Oui, Sire !.. A présent, que Votre Majesté se rassure... et, si on l'entraîne au bal, qu'elle danse, qu'elle s'amuse !.. Nous veillerons sur elle... cette nuit... ici près... C'est moi qui commande le poste des Innocens !

LE ROI, gaîment.

Allez, maître Barnabé, allez aux Innocens !

BARNABÉ, avec enthousiasme.

Il m'a serré la main !..

LE ROI, à part, avec une idée soudaine.

Cette nuit !.. Oh ! si j'étais plus grand !.. si j'osais !

(Rumeurs au dehors, mouvement des personnages.)

SCÈNE XII.

CÉLESTE, LE ROI, DUMONT, un peu en arrière; BARNABÉ, OFFICIERS, au fond.

DUMONT, s'approchant.

Sire !..

LE ROI, avec dépit.

Qu'est-ce encore ?..

DUMONT.

Voici la nuit... et vous entendez ce commencement de tumulte.

LE ROI.

Quelle en est la cause ?..

DUMONT.

La présence du duc de Beaufort, que le peuple a cru reconnaître dans les Halles.

BARNABÉ, à part.

Il est là !.. Le vautour guette sa proie !

DUMONT.

Il serait prudent de rentrer au Palais Royal...

LE ROI, regardant Céleste.

Déjà !.. (Haut, avec résolution.) N'importe, je reste.

BARNABÉ.

Quelle imprudence !..

DUMONT.

Songez, Sire, que c'est une de ces ovations factieuses, toujours un outrage pour Votre Majesté, ici, un péril, peut-être ?..

LE ROI, avec dignité, en remontant la scène et portant la main à son épée.

Un outrage ?.. un péril ?.. En effet, vous me rappelez que je suis roi !.. Messieurs, sortons.

CÉLESTE, s'élançant vivement.

Sire !.. qu'allez-vous faire ?.. Je vous supplie...

BARNABÉ.

Ma femme vous supplie !..

LE ROI, ému, à part, en redescendant.

Ce trouble, pour moi !.. Et n'avoir plus, peut-
être, d'occasion de la revoir !..

BARNABÉ, inspiré.

Oh ! quelle idée ! (Barrant le passage au roi et
prenant le milieu du théâtre.) Non, pas par les
halles, Sire ! c'est un acte de témérité royale,
mais inutile... (Allant ouvrir la porte à gauche,
premier plan.) Tenez, par ce couloir... ouvrant
sur la petite rue... où l'on n'entend rien encore... M. Dumont va y diriger votre escorte.

(Dumont vient se placer derrière Barnabé, près du
comptoir.)

CÉLESTE, au fond, agitée.

Le bruit augmente.*

BARNABÉ.

Eh ! vite, alors. (Avec précipitation mystérieuse.)
Votre Majesté tournera à gauche... par la place
Saint-Eustache... puis, la rue Coquillère... et si,
malgré les précautions, il vous arrivait quelque
événement, revenez vite sur vos pas... De ce
couloir, un petit escalier vous conduira au premier étage, où vous seriez en sûreté... (Lui remettant une clé.) Prenez ce passe-partout, qui
me sert, pour la nuit, mes jours de garde.

LE ROI, hésitant.

Eh quoi?..

BARNABÉ, insistant.

Prenez donc !.. Je dois en avoir un autre.

(Il remonte pour écouter au fond, pendant que Céleste redescend à droite.)

LE ROI, à part, avec joie.

O Providence !.. Le cardinal à Saint-Ger-
main !.. le mari aux Innocens !.. et ce passe-partout !.. Pour mon coup d'essai, ce serait un coup
de maître !

BARNABÉ, avec force.

Chut !..

TOUS.

Chut !..

(Moment de silence.)

Air de Piquillo.

LE ROI.

Je cède à la prudence.
Puisse la Providence,
Ce soir veiller sur moi !..
Que le ciel favorise
Ma première entreprise,
Et protège le roi !

BARNABÉ, CÉLESTE, DUMONT.

Agissons en silence...
Car, ici, la prudence
Nous en fait une loi.
Que le ciel favorise
Notre sainte entreprise
Et protège le roi !

CÉLESTE.

Mon Dieu, je te rends grace,
Merci !

*Dumont, un peu en arrière ; Barnabé, le roi,
Céleste, au fond.

BARNABÉ, redescendant entre Céleste et le roi.

Partez, mon sang se glace
Ici.

LE ROI, à part.

S'il faut que je la quitte
Déjà,
Je reviendrai bien vite
Par là.

(Il montre la petite porte.)

TOUS.

Chut !..

REPRISE DE L'ENSEMBLE.

Agissons en silence, etc.

(Le roi sort, suivi de Dumont, par la porte de
gauche, au premier plan.)

SCÈNE XIII.

BARNABÉ, CÉLESTE ; puis, MAGLOIRE.

BARNABÉ, les yeux au ciel, après avoir refermé
la porte sur le Roi.

C'est ma tête que j'y joue !.. Mais il y a des
circonstances...

CÉLESTE, se remettant.

Les cris s'éloignent...

MAGLOIRE, entrant par le fond et pliant sous un
énorme ballot.

Ouf ! v'là les rubans... une fameuse charge !..
Il n'en reste pas une demi-aune dans le commerce.

CÉLESTE, vivement.

Qu'est-ce que c'est ?..

BARNABÉ, passant entre elle et Magloire.

Rien... Maintenant, ma hallebarde... (Il va
la prendre contre le mur de droite pendant que Magloire se débarrasse de son ballot au fond.) Je dois
être en retard d'un quart d'heure avec la tranquillité publique !

MAGLOIRE, redescendant entre Céleste et Barnabé.

Quoi?.. vrai? vous vous en allez, patron?..

BARNABÉ, sans l'écouter.

Tu vas prendre la lanterne pour allumer le
fallot du dehors... suivant la nouvelle ordon-
nance de police.

(Magloire va dans la petite cour à droite, dont il
laisse la porte ouverte. L'obscurité commence.)

CÉLESTE, avec inquiétude.

Mon ami, vous me laissez seule?..

BARNABÉ.

Comme tous les trois jours... Qu'est-ce que tu
y vois aujourd'hui d'extraordinaire ? (A part.)
Cachons-lui mes frayeurs !..

CÉLESTE.

Je ne sais, mais une inquiétude involon-
taire...

BARNABÉ, affectant un air tranquille.

Tata, ta, ta... Clos ta paupière, mignonne.
(De l'autre côté, à Magloire, qui revient avec une
lanterne allumée.) Toi, clos la maison... et surtout ne t'avise pas de fermer l'œil.

* Céleste, Barnabé, Magloire.

MAGLOIRE.

Comme les coqs, patron... je dormirai sur une patte. (Bas.) Mais, de vot' côté, soyez là aussi ; ça vous regarde... Patrouillez, patron, patrouillez autour...

BARNABÉ, de même.

Sois tranquille, je ne serai pas loin de la rue du Four...

MAGLOIRE, étonné.

Du Four !..

BARNABÉ, appuyant.

C'est là qu'est le danger.

MAGLOIRE.

Ah ! (A part.) Enfin, il a ses idées !.. (Haut.) N'importe, croyez-moi ; patrouillez, patron, patrouillez toujours.

BARNABÉ.

Je crois bien... dans des temps comme ceux-ci... Si les bons citoyens ne se montraient pas...

(Avec enthousiasme.)

AIR : Amour sacré de la patrie.

Amour sacré de la patrouille,
Soutiens mon cœur et ma fierté !
Si je m'enrhume et je me mouille,
C'est, mon pays, pour ta santé !
Et j'en suis toujours enchanté.

(La nuit est devenue plus obscure par degrés. Barnabé embrasse sa femme et sort. Céleste monte l'escalier. Musique jusqu'à la fin.)

MAGLOIRE, au fond, à Barnabé qui éternue en sortant.)

Dieu vous bénisse, bourgeois ! (A gauche, vers l'escalier.) Bonne nuit, la bourgeoise !.. Et moi, à c' t' heure, allons allumer le fallot à l'angle de la rue.

(Il sort au fond et laisse la porte ouverte. Obscurité complète.)

SCÈNE XIV.

LE ROI ; puis, LE DUC et DEUX VALETS ; puis, MAGLOIRE.

LE ROI, ouvrant la petite porte à gauche, à la cantonnade.

Je le veux, vive Dieu !.. et cela sera ! Dumont, sortez ! (Entrant, avec émotion.) O mon courage !.. Je vais donc me trouver près d'elle !

LE DUC, se glissant par le fond. Tenue de bal, suivi de deux valets, tous trois enveloppés de manteaux. A demi-voix.

Entrez vite, personne ne nous a vus.

LE ROI, reculant d'un pas vers la porte de gauche.

Quelqu'un !

LE DUC, qui a vu ce mouvement, à demi-voix, de son côté.

Un homme ici ! qui se cache !.. C'est un rival ! Chavigny !.. Ah ! mort Dieu ! c'est de bonne guerre !..

LE ROI.

Tâchons de ne pas le compromettre.

(Il rentre dans le couloir.)

LE DUC, à ses valets, leur jetant son manteau.

Tenez, prenez ce manteau et enlevez l'homme qui est dans ce couloir... Pas un cri ! (Les valets sortent. Gaîment, à lui-même.) Maintenant, je dois gagner ma gageure.

(Il se dirige vers l'escalier.)

MAGLOIRE, rentrant, à la cantonnade, au-dehors.

Quoi ? qu'est-ce que c'est ?

LE DUC.

Le courtaud !.. Vite, dans la petite cour !..

(Il s'y précipite et en tire la porte sur lui.)

MAGLOIRE, se tranquillisant, en descendant la scène.

Rien... c'est des filous dans la rue... On en voit tant, à la brune... Fermons à la grosse clé... (Il ferme la porte du fond à double tour, puis vient pousser le verrou de la porte où est le duc.) Allez donc !.. (Avec réflexion.) Celui-là aussi, au fait. (Il pousse le verrou de la porte du couloir.) Le bourgeois a son petit escalier... (D'un air bien convaincu.) Là, à présent, la bourgeoise peut dormir sur ses deux oreilles.

(Il fait la ronde avec sa lanterne et met le pied sur la première marche de l'escalier. — Le rideau baisse.)

FIN DU PREMIER ACTE.

ACTE II.

Le théâtre représente un salon au premier étage chez Barnabé; à droite, au premier plan, une fenêtre étroite à coulisse ouvrant sur la petite cour. Au deuxième plan, du même côté, la porte de la chambre à coucher de Céleste. A gauche, au dernier plan, l'entrée de l'escalier descendant au magasin. Au deuxième plan, du mê me côté, une petite porte donnant sur un escalier dérobé qui aboutit dans le couloir. Au premier plan, la porte d'un magasin de réserve. Au fond, une fenêtre avec rideaux ouvrant sur un balcon, et par laquelle on aperçoit le clocher de Saint-Eustache. A gauche, au premier plan, un grand fauteuil. A droite, entre la porte et la fenêtre, une table et ce qu'il faut pour écrire.

SCÈNE I.

MAGLOIRE, seul, assis, sa lanterne à ses pieds,
à demi endormi et parlant entre ses dents.

Ne craignez rien, la bourgeoise... Il n'y a pas de danger... En fait d'êtres vivans, je n'ai entendu que des souris qui grignottaient les rubans du patron... mais ça n'est pas dans ma consigne...

(Petit silence.)

SCÈNE II.

MAGLOIRE, endormi; LE DUC.

LE DUC, entr'ouvrant la petite fenêtre de droite.
Je n'entends plus de bruit dans la maison... Tout le monde doit être couché... (Il avance le corps. Apercevant Magloire et reculant.) Ciel! le courtaud!..

(Il referme la fenêtre et disparaît.)
MAGLOIRE, s'éveillant en sursaut et se levant.
Hein? quoi?.. qu'est-ce qu'il y a?.. (Il regarde.) C'est les souris... Ah! c'est dommage!.. Je rêvais... (Se frottant les yeux.) que je dormais!.. J'étais bercé par les songes les plus *voluptueuses*!.. J'étais dans ma soupente de cinq pieds carrés... là, au-dessus de l'escalier... étendu mollement sur les plumes de ma paillasse! Ah! que j'étais bien!

SCÈNE III.

LE ROI, MAGLOIRE.

LE ROI, enveloppé d'un large manteau et ouvrant brusquement la petite porte de l'escalier dérobé, l'air agité.
Je suis sauvé... Ils ont perdu ma piste... Ciel! le courtaud!..

(Il referme vivement la porte et disparaît.)
MAGLOIRE, se réveillant brusquement.
Eh bien! voilà! voilà! (Même jeu.) Encore les souris!.. Je crois qu'elles ont juré de ne pas me laisser dormir de la nuit? (Frappant du pied.) Allons, bon! v'là que j'ai des fourmis dans les jambes, à c' t'heure!.. Pour être sûr de moi, marchons plutôt.... C'est ça, comme un factionnaire en faction... près de sa guérite, et qui se cause de ses affaires...

(Il se promène avec une aune sur l'épaule.)

LE ROI, entr'ouvrant.
Est-ce qu'il va rester long-temps ainsi?
MAGLOIRE, s'arrêtant.
Mais, au fait, il me surgit une réflexion... Pourquoi le patron ne veille-t-il pas lui-même sur sa beauté de femme?.. Ça le regarde; je l'ai averti... il ne peut pas dire le contraire... C'est lui qui est le factionnaire légitime!.. Au lieu de s'en aller rue du Four... V'là une brioche!.. Ma place, à moi, ma vraie place à l'heure qu'il est, c'est dans mon dodo.

(Il bâille.)

LE ROI, qui s'est glissé derrière le grand fauteuil.
C'est ça, va te coucher.
MAGLOIRE, se retournant.
Plaît-il?.. Par exemple! c'est trop fort!.. (Il passe une inspection à l'aide de sa lanterne, sans pourtant voir le roi.) Diable de petits quadrupèdes!.. Est-ce remuant! est-ce remuant!.. Mais dormez donc! dormez, puisqu'on vous en laisse le loisir... Ingrates! sybarites!.. Dieu de Dieu! être réduit à envier la position sociale de ce genre d'individus!.. (Dans un moment d'indignation, il fait tomber sa lanterne qui s'éteint.) Bon! ma chandelle est morte!.. Tant pis, je vas veiller dessus mon lit... Décidément, c'est la meilleure manière.

(Il descend l'escalier en se heurtant et en gémissant.)

SCÈNE IV.

LE ROI, seul, au fond.

A merveille!.. Bonne nuit, courtaud!.. et puisses-tu ne t'éveiller que demain! (Redescendant.) Enfin, le ciel se déclare pour moi! Vive Dieu! les rudes gaillards que les laquais de mon rival... C'est qu'ils m'emmenaient... je ne sais où... sans l'heureux hasard qui m'a permis de m'échapper, et avec leur manteau, encore!.. Grace au passe-partout et au petit escalier de maître Barnabé, me voici à l'abri de toutes poursuites... Orientons-nous... (Il marche.) Je dois être au premier étage... La chambre de la mercière est ici... (Il indique la droite, puis, avec transport.) Me voilà donc près d'elle!.. (Avec crainte.) C'est hardi, pour une première aventure!.. (Avec résolution.) Mais, n'importe, je ne reculerai pas!.. Ah! ah! ma belle mercière, vous donnez des rendez-vous la nuit à un galant que ma présence gênait... C'est clair! Quelle horreur! une femme mariée... et quand son mari monte la garde!.. Ça ne s'est jamais vu!..

Je croyais avoir peur... Non, non... mon professeur de stratégie me dit toujours que pour triompher de l'ennemi, il faut l'attaquer brusquement...

(Avec feu.)

Air : Je n'ai pas vu ces bosquets.

Demain matin, bah ! je réfléchirai ;
Je ne vois rien, ce soir, rien qu'une femme,
   La première que j'aimerai !
Ah ! je ne sais quel feu soudain m'enflamme !
Mais d'un combat je crois être au moment ;
C'est bien ainsi qu'on marche, qu'on s'élance !
   On ferme les yeux... En avant !
   Arrive-t-on mort ou vivant ?
Ce n'est qu'après que l'on y pense !

SCÈNE V.

LE ROI, LE DUC.

LE DUC, paraissant à la fin du couplet. Il a ouvert la fenêtre et descend avec précaution.

Plus de lumière ! ni de courtaud ! C'est bien heureux !.. Et moi qui croyais mystifier Savigny en l'envoyant sur la route de Saint-Denis !.. Tubleu ! quelle onglée ! Heureusement, grace à un petit auvent...

(Il souffle dans ses doigts.)

LE ROI, s'intimidant.

Eh bien ! qu'est-ce que j'ai donc ?.. Voilà la peur qui me reprend... Allons, ne suis-je pas le roi ?..

(Il fait un pas du côté de la porte.)

LE DUC.

Plus de retard !..

ENSEMBLE.

Air : Tout nous sourit.

Tout me sourit,
Marchons sans bruit
A l'ombre de la nuit.
LE ROI, montrant la droite.
Courage ! ici, doit se trouver la porte...
Oui-dà ! l'audace en moi l'emporte !..
LE DUC.
Profitons des instans qui la livrent à moi...
Toi qui m'as dédaigné, tu subiras ma loi !
LE ROI.
Oui, Céleste à mes vœux cèdera, je le jure !
LE DUC.
Chavigny perdra sa gageure.
LE ROI.
J'ai tort de craindre l'aventure.

ENSEMBLE.

Car les amans audacieux
Seront toujours les plus heureux !

(Ils écoutent tous deux, puis reprennent l'ensemble avec confiance en s'approchant de la porte.)

Tout me sourit, etc.

LE ROI, croyant toucher la porte de Céleste et touchant le duc qui se trouve là avant lui.)
Ciel !..

(Il recule tout étourdi et prend la droite.)

LE DUC, redescendant la scène à gauche.
Hein ? qu'est-ce encore ?.. Un galant !.. Ah ça ! il en pousse donc chez la mercière ?..

LE ROI.
C'est mon rival !.. et nous voilà tous deux en tête-à-tête !.. Eh bien ! elle est jolie, ma première bonne fortune.

LE DUC.
Effrayons-le pour le renvoyer... sans me trahir, pourtant... (Haut.) Qui va là ?
LE ROI, à part.
Ne répondons pas !
LE DUC.
Amant ou mari ? (Silence.) Manant ou gentilhomme ?

LE ROI, à part.
Pour le moins aussi gentilhomme que lui, je pense...

LE DUC, à part.
Pas de réponse !.. Ah ! je le forcerai bien à m'en faire une !..

LE ROI.
C'est quelque grand seigneur sans doute... carrosse et laquais... Oh ! la mercière est aristocrate !..

LE DUC, à part, après avoir écouté.
Rien encore ?.. (Haut.) En ce cas, flamberge au vent, mon brave !..

(Il tire son épée et en frappe un meuble.)

LE ROI, troublé.
Il a tiré l'épée !.. Ah ! mon Dieu ! voilà qui devient embarrassant !.. Si ma mère savait !.. J'aurais bien mieux fait d'aller au bal chez Mme de Soissons.

LE DUC.
M'entendez-vous ? En garde !.. (Il cherche à le rencontrer.) Eh bien ! où se cache-t-il donc ?..
LE ROI, l'évitant, mais se piquant.
Le rival est un peu fanfaron... Je ne peux pourtant pas lui dire à qui il a affaire, tout serait perdu.

LE DUC.
Ah ça ! vous êtes donc un sylphe, qu'on ne puisse ni vous voir, ni vous atteindre ?
LE ROI, qui continue.
Ah ! il commence à m'impatienter... Il ne sait pas qu'il s'adresse à un prévôt de salle, nommé hier aux acclamations de tous ses camarades !..
LE DUC.
Toujours même silence ! (Avec force.) Décidément, c'est un muet ou un lâche !
LE ROI, à part, en sautant sur lui-même.
Un lâche !.. ah ! c'est trop fort ! Un prévôt de salle ne s'entend pas dire de ces choses-là !

(Il tire son épée et rencontre bientôt le fer du duc.)

LE DUC.
Ah ! il répond, enfin ! (Il ferraillent, le duc le fait reculer.) Pauvre rival !.. comme il rompt ! comme il faiblit !.. Il ne sait pas tenir une épée, je gage !..

LE ROI, marchant sur lui.

C'est ce que nous allons voir !.. A mon tour, maintenant !

(Il fouette fort l'épée de Beaufort et le désarme.)

LE DUC.

Ventre saint-gris! quel poignet !.. Ce doit être un athlète... Je me trompais !..

(Bruit dans la chambre de Céleste.)

LE ROI.

Ciel ! on vient !.. Autre aventure !

LE DUC.

Quelqu'un !.. diantre !.. Sauve qui peut !.. Ah! ce balcon !

(Il ouvre la fenêtre du fond et se réfugie sur le balcon, qu'il referme sur lui.)

LE ROI, faiblissant par degrés, appuyé sur son épée.

Il s'éloigne ! il fuit !.. et moi, je ne puis... Tant d'émotions à la fois... Ah ! qu'est-ce que j'éprouve donc ?.. Il me semble qu'un froid glacial me saisit !.. Mes yeux se ferment... mes genoux fléchissent !.. (Criant faiblement.) A moi! à moi !..

SCÈNE VI.

LE ROI, CÉLESTE.

CÉLESTE, sortant de sa chambre en déshabillé de nuit, une lampe à la main.

Quel bruit !.. Est-ce vous, Magloire ?.. (Reculant et poussant un cri.) Dieu ! le roi ici !.. à une pareille heure !..

LE ROI, chancelant.

A moi !

CÉLESTE, courant à lui.

Mais il appelle !.. Et cette épée nue à la main... Dieu ! il s'évanouit !..

LE ROI, poussant un léger cri.

Ah !..

(Il tombe dans les bras de Céleste.

CÉLESTE, le retenant et hors d'elle.

Sire, revenez à vous !.. Comment se fait-il? Oh! la force me manque... et il est là... dans mes bras... seul ! la nuit !.. Si mon mari rentrait !.. (Elle le fait asseoir sur un fauteuil à droite. On entend au-dehors un éternuement.) Grand Dieu! c'est lui! Oh! quelle situation !.. (Appelant.) Quelqu'un! du secours !..

SCÈNE VII.

BARNABÉ, CÉLESTE, LE ROI.

BARNABÉ, accourant.

Hein? qui vive? qui appelle ?.. Fermez la bout...

(Il s'arrête en voyant sa femme.)

CÉLESTE, troublée et cachant le roi de sa personne.

Que venez-vous faire ?.. Que voulez-vous ?..

BARNABÉ.

Ma tabatière !.. J'ai un rhume de cerveau... (Il éternue.) Atchim !.. atroce !.. Je dois l'avoir oubliée sur cette table... (Il avance malgré les efforts de Céleste, et s'arrête en voyant le roi.) Est-il possible ?.. que vois-je ?..

CÉLESTE, balbutiant.

Oui... Sa Majesté !..

BARNABÉ, cherchant à se rendre compte en les regardant tous deux.

Évanoui! chez moi !.. à une heure aussi indue !.. et ma femme dans ce désordre... Atchim! Qu'est-ce que ça signifie ?..

CÉLESTE, toujours troublé.

C'est ce que je ne puis m'expliquer à moi-même... Tout à l'heure, un cliquetis d'épées... je suis accourue... et j'ai trouvé le roi seul, sans connaissance... (Vivement.) Mais, de grace, aidez-moi à le secourir !.. Vite, un flacon... là, dans ce meuble...

BARNABÉ, courant au chiffonnier, à gauche.

Dans ce meuble ?.. (Il heurte du pied l'épée restée à terre et la ramasse.) En effet... voici bien l'autre épée... (A lui-même.) aux armes de Beaufort !..

CÉLESTE, avec joie et tout occupée du roi.

Non, c'est inutile... il a fait un mouvement... il rouvre les yeux !..

BARNABÉ, absorbé devant l'épée.

Quel trait de lumière !

LE ROI, regardant lentement autour de lui, et d'une voix faible.

Où suis-je ?.. Que s'est-il donc passé ? (Voyant Céleste.) C'est elle !.. (Lui pressant la main.) Oh! merci! merci !..

CÉLESTE, avec une joie timide.

Il m'a reconnue !..

BARNABÉ, se rapprochant.

Qu'est-ce ?.. le roi a parlé ?..

LE ROI, surpris et à part.

Hein? le mari ?.. Oh! quel prétexte trouver?

CÉLESTE, troublée et à part.

Que va-t-il dire?

BARNABÉ, d'un air pénétré et reprenant le milieu.

Sire... excusez mon émotion, ma stupéfaction... Je ne vous demanderai pas... d'après tout ce que je vois... le motif de votre présence ici, chez moi... Je le comprends parfaitement... je l'ai compris tout de suite.

LE ROI, troublé.

Ah!

BARNABÉ, avec assurance.

Oui.

CÉLESTE, à part.

Oh! mon Dieu!

LE ROI, à part.

Le fait est qu'il n'y a pas deux manières de le prendre.

BARNABÉ.

Aussi, c'est une préférence dont je suis singulièrement flatté.

(Il s'incline.)

LE ROI et CÉLESTE.

Qu'est-ce qu'il dit?

BARNABÉ.

Oui, Sire... car il y en avait bien d'autres avant moi, et de plus haut placés, à qui ça revenait de droit. (Le roi et Céleste font

* Céleste, Barnabé, le Roi.

un mouvement d'étonnement en le regardant.) Oui,
je ne crains pas de le dire.

Air : Aux temps heureux de la chevaleri .

Me choisir, moi, moi, marchands des plus minces,
Quand vous aviez courtisans, magistrats,
Des grands seigneurs, même jusqu'à des princes,
De tant d'honneur, non, je ne reviens pas.
Ma maison va briller d'un nouveau lustre,
J'en ai déjà le front resplandissant ;
A tout jamais, mon enseigne est illustre,
Et je suis fier de mon Croissant d'argent !

LE ROI, à part.
Il est bien bon, vraiment !

BARNABÉ.
Remettez-vous, généreux monarque, et soyez
sans crainte... J'ai en bas ma patrouille,
Pigache et quatre hommes qui se feront échar-
per jusqu'au dernier pour vous défendre contre vos adversaires les plus acharnés.

LE ROI, se levant et souriant à part.
Par exemple, voilà un mari d'un zèle et d'une
précaution !..

BARNABÉ, courant au fond.
Caporal Pigache ! faites bonne guette autour
de la maison... Vous répondez des événemens
sur votre tête... Atchim !

CÉLESTE, à Barnabé.
Grand Dieu !.. qu'y a-t-il donc ?.. Vous
m'effrayez !.. Ah ! Sire ! dites-nous vite ce qui
vous est arrivé... et quel danger a pu vous me-
nacer ici ?

LE ROI, à part.
Elle me le demande encore ?.. C'est juste,
devant son mari ! Voyez-vous, l'hypocrisie des
femmes ?..

BARNABÉ, avec impatience.
Eh bien ! Majesté ?

LE ROI, embarrassé.
Eh bien... (A part.) Ma foi ! je n'ai qu'à lui
dire la vérité... moins le motif amoureux. (Haut.)
C'est en vous quittant... un peu après... Je sui-
vais la route que vous m'aviez indiquée, séparé
de mon escorte... lorsqu'au détour de la place
Saint-Eustache...

BARNABÉ, d'un air instruit.
Rue du Jour...

LE ROI.
Trois hommes se jettent sur moi, m'envelop-
pent d'un large manteau...

BARNABÉ, avec explosion.
Et vous enlèvent !

LE ROI.
Quoi ? vous savez ?..

BARNABÉ.
Oui, Sire, je savais tout... j'étais au courant... Mon garçon Magloire m'avait prévenu...
le complot devait éclater cette nuit.

LE ROI et CÉLESTE, stupéfaits.
Le complot !

BARNABÉ.
Au bal de Mᵐᵉ de Soissons !

LE ROI et CÉLESTE, même jeu.
Au bal !

BARNABÉ.
Juste la répétition de celui de Monsieur... nous échappera pas... Il ne peut pas être sorti...

cette seule nuance que les rubans des
conjurés devaient être bleus au lieu d'être
jonquilles !.. (Avec entraînement comique.) Mais,
grâce à moi, ils n'ont pas pu en trouver un seul
pouce dans le commerce.... J'ai tout accaparé
pour empêcher le coup !.. plus de dix mille aunes !.. Oui, Sire, j'en ai pour trois ans en magasin !..

CÉLESTE.
Ah ! bon Dieu !..

LE ROI, à part.
Où va-t-il chercher ?.. Il rêve... Il est peut-
être somnambule ?..

BARNABÉ.
C'est sans doute alors que voyant ses calculs
déjoués, le duc de Beaufort vous guettait,
Sire, en agitant les halles, et vous a poursuivi jusqu'ici l'épée à la main...

(Il la montre.)

LE ROI et CÉLESTE.
Le duc de Beaufort !..

BARNABÉ.
Il a cru saisir l'instant favorable, ici, la nuit,
loin de votre escorte, pour exécuter sans retard son abominable dessein !

CÉLESTE.
Quelle audace !..

LE ROI, à part, en riant.
Oh ! ne le détrompons pas. (Haut.) Oui, oui,
ça ne peut pas être autre chose... Le bal...
l'hôtel de Soissons... les conjurés... les rubans
bleus... Tudieu ! maître Barnabé, vous êtes un
un habile homme !

BARNABÉ, s'inclinant.
Je m'en flatte, Sire... Ma réputation est faite
dans le quartier des Innocens.

LE ROI, riant, à part.
S'il savait que dans tout cela il n'y a qu'une
intrigue galante...

BARNABÉ, se ranimant tout-à-coup.
Et vous ne savez pas tout encore !..

LE ROI.
Ah ! il y a encore quelque chose ?..

BARNABÉ.
Quand les forcenés allaient vous contraindre
à monter dans leur carrosse aposté... comme
chez Monsieur... la patrouille qui vint les mettre en fuite...

LE ROI, avec force.
Ma providence !

BARNABÉ, avec transport.
C'était moi, Sire, avec Pigache et nos quatre
hommes ! quatre hommes superbes ! C'est le plus
beau jour de ma vie !.. (Se reprenant.) C'est-à-
dire la plus belle nuit !.. Ah ! j'en perdrai la
tête ! j'en deviendrai fou !.. Atchim !.. Pardon,
Sire, c'est une infirmité que j'ai eu l'honneur
de gagner au service de Votre Majesté... en pa-
trouillant !

LE ROI, à part.
Pauvre homme !

BARNABÉ.
Mais, en attendant... le duc de Beaufort ne

Magloire est en bas... et je veux qu'en votre présence même...

(Il va au fond.)

LE ROI, à part.

Aïe! aïe! (Haut, et le retenant.) Gardez-vous-en bien?.. Donner l'éveil!.. à quoi bon?.. (Avec intention.) devant votre femme... (Avec force.) Je m'y oppose!..

CÉLESTE, effrayée.

Oui, sans doute!..

LE ROI, à part.

Elle a l'air de m'en savoir gré...

MAGLOIRE, criant du rez-de-chaussée.

Patron!.. patron!..

CÉLESTE, avec un nouveau mouvement d'effroi.

C'est Magloire!..

BARNABÉ.

Diable! Il ne faut pas qu'il vous voie, Sire... Il n'aurait qu'à être vendu à la Fronde!..

LE ROI, à part, riant.

Ou plus clairvoyant que le mari!

BARNABÉ, montrant la porte de gauche.

Vite, vite, dans cette chambre... (Barnabé essaie d'ouvrir la porte qui résiste. Le roi s'avance pour sortir; Céleste a couru vers l'escalier.) Diable de serrure!..

CÉLESTE.

Il monte!.. trop tard!..

(Elle redescend un peu à droite.)

BARNABÉ.

Ah! là!.. dans ce grand fauteuil!.. C'est irrespectueux, mais dans les momens de danger...

LE ROI, riant et se blotissant dans le fauteuil.

Comme vous dites.... Dans les momens de danger...

BARNABÉ, électrisé.

Il rit! le grand roi! Il rit! (A sa femme.) Toi, Céleste, rentre... les femmes n'entendent rien à la politique... Vite, vite... Le voilà!

(Magloire paraît; Barnabé jette un manteau sur le roi; Céleste sort à droite.)

⸻⸻⸻⸻⸻⸻⸻⸻⸻⸻⸻⸻⸻⸻

SCÈNE VIII.

MAGLOIRE, LE ROI, caché; BARNABÉ.

BARNABÉ, se rejetant à droite.

Maintenant, je sais ce qu'il me reste à faire.

(Il écrit sur ses tablettes pendant tout ce qui suit.)

MAGLOIRE, à moitié endormi, et venant peu à peu se placer devant le fauteuil où est caché le roi.

Patron, excusez si je vous dérange... mais je viens de faire une réflexion... Oui, je me suis dit comme ça : Puisque le bourgeois reste ici cette nuit, à quoi bon me faire veiller aussi?.. Maître Pigache patrouille... Tout est tranquille dans Paris...

(Il chancelle.)

BARNABÉ, écrivant toujours.

Tout est tranquille?.. Le malheureux ne se doute de rien.

MAGLOIRE.

Veiller tous deux, ça ferait double emploi.

(Il chancelle davantage et est au moment de s'asseoir sur le roi.)

BARNABÉ, sans l'écouter.

Approche... (Il se relève pour obéir. Barnabé vient à lui.) Et réponds sans hésiter?.. Quand tu étais en bas à faire la guette... tout était-il fermé?..

MAGLOIRE, chancelant toujours.

En bas?.. Je veillais, patron... je veillais...

BARNABÉ.

Et tu es bien sûr de ne pas avoir vu sortir un homme?

MAGLOIRE.

Un homme!.. Je veillais, patron, je veillais.

(Il va pour s'asseoir de nouveau sur le Roi.)

BARNABÉ, l'apercevant et le saisissant.

Ciel! Il ne peut plus se soutenir!... Arrête, misérable, tu vas... (A part, en le repoussant au loin.) Ouf! le roi l'a échappé belle!.. Quelle inconséquence, bon Dieu!.. (A Magloire.) Ainsi, malheureux, tu n'as rien vu?.. La porte est restée ouverte? Il est parti, et les conjurés vont revenir en force!..

MAGLOIRE, toujours chancelant.

Mais quand on vous dit qu'on veillait, patron.

BARNABÉ, le secouant.

Gueux!.. scélérat!.. Veux-tu t'éveiller bien vite... et me donner la clé de ce magasin?..

MAGLOIRE, cherchant dans un trousseau.

La clé du magasin?.. voilà... mais vrai, je...

BARNABÉ, le secouant toujours.

Silence, butor!.. A présent que voilà tes yeux ouverts... tu vas te placer là, devant cette table, comme cela. (Il tourne la chaise du côté opposé au magasin.) Sans relever la tête surtout!.. Et tu copieras ces lignes quatre fois sur quatre feuilles de papier. (Il lui donne une page de ses tablettes qu'il déchire.) Sans relever la tête!... Tu m'entends?*

MAGLOIRE, assis.

Quatre fois sans relever la tête? c'est convenu... (Écrivant.) Ça me barbouille les yeux...

BARNABÉ, qui a ouvert la porte du magasin, à part.

Très bien... (Bas, au roi, en soulevant le manteau.) A présent, Sire, levez-vous et entrez là... dans le magasin de réserve; vous y resterez le moins long-temps possible... seulement le temps de me laisser courir au Palais-Royal chercher du renfort... et prévenir...

LE ROI, bas, et vivement en quittant le fauteuil.

Au Palais-Royal! Gardez-vous-en bien! (A part.) C'est pour le coup qu'on ne me laisserait plus sortir. (Haut.) Je vous le défends, entendez-vous?..

BARNABÉ.

Alors, on vous obéira, Sire.... Au fait, le temps d'aller, de venir... non... ce serait imprudent.

MAGLOIRE, les yeux à moitié ouverts.

Patron, je ne peux pas lire.

(Il va pour se retourner.)

BARNABÉ, lui retournant la tête.

N'importe, copie toujours... (Revenant.) Vite, Sire...

* Le Roi, caché; Barnabé, Magloire.

LE ROI, entrant dans le magasin.

Soit !..

MAGLOIRE, sans relever la tête.

Patron, faut-il encore écrire ?..

BARNABÉ.

Toujours !.. (Il referme la porte sur le roi a double tour et met la clé dans sa poche.) En fin !.. il est en sûreté...

SCÈNE IX.

BARNABÉ, CÉLESTE, MAGLOIRE.

CÉLESTE, sortant de sa chambre, en costume de ville.

Puis-je entrer ?..

BARNABÉ, allant à elle.

Ah! c'est toi !.. Oui, approche. (A voix basse.) Le roi est là... enfermé à double tour... j'emporte la clé... Veille bien sur lui pendant que je vais courir...

CÉLESTE.

Où donc ?..

BARNABÉ.

Pas loin.

CÉLESTE.

Mais encore ?..

BARNABÉ.

Chut! ne m'interroge pas... Qu'il te suffise de savoir que... tu entendras de mes nouvelles. (Appelant.) Magloire !..

MAGLOIRE, qui s'était endormi, se réveillant en sursaut.

Patron !..

BARNABÉ, avec volubilité.

Alerte! mon garçon... Tu n'as pas une minute à perdre... Ces lettres à leur adresse... Au chevalier du guet, au prévôt de Paris, au...

MAGLOIRE.

Comment !.. à c't' heure-ci ?.. Qu'est-ce qu'il y a donc encore, mon Dieu ?..

BARNABÉ, avec explosion.

Ce qu'il y a !.. il y a que... (Changeant de ton.) Ça ne te regarde pas... Obéis, ou je te dénonce à la justice comme le plus grand ennemi du repos public !..

MAGLOIRE.

Moi !.. en v'là une, par exemple !.. Moi qui ne demande que ça, du repos... pour mon particulier.

BARNABÉ, allant et venant.

Adieu, ma femme... Cours, Magloire. (A Céleste.) Et moi... (Appuyant de nouveau.) Tu entendras de mes nouvelles... Je ne te dis que ça !

ENSEMBLE.

Air de la Figurante.

BARNABÉ, à part.

C'en est fait, j'en perdrai la tête !
Résister à ce dernier coup !..
Mais, n'importe, je brave tout,
Dans le danger rien ne m'arrête,
Et bientôt j'aurai mérité
L'honneur de la postérité.

MAGLOIRE, à part.

Le bourgeois a perdu la tête !

Au risque de me casser le cou,
Me faire aller je ne sais où,
Lorsqu'à bien dormir je m'apprête...
Foi de commis, en vérité,
J'ai mérité d'être augmenté.

CÉLESTE, à part.

Vraiment, il a perdu la tête !
Courir la nuit je ne sais où.
Il faut que mon mari soit fou !
Mais quand il veut, rien ne l'arrête...
Ah! puisse mon cœur agité
Ne pas trahir la vérité.

(Barnabé sort en poussant Magloire devant lui et en éternuant plusieurs fois. Magloire lui répond : Dieu vous bénisse !)

SCÈNE X.

CÉLESTE.

(Elle écoute un moment leurs pas qui s'éloignent, puis avec émotion.)

Ils sont partis! et me voilà seule... seule ?.. Oh! non, car il est là... là, tout près... Et c'est moi que mon mari charge de veiller sur lui !.. comme si ce n'était pas plutôt sur moi qu'il aurait dû veiller lui-même ?.. Car j'ai beau faire... l'image de ce roi, si brave et si beau. (Montrant son cœur.) est gravé là pour toujours... Mais tâchons d'éloigner ces folles pensées... et puisqu'en ce moment c'est ma consigne,... veillons sur Sa Majesté...

(Elle reste d'abord appuyée sur le fauteuil et ensuite s'y assied.)

Air du Domino noir.

Si mon amour, hélas! est à lui sans partage,
D'en convenir jamais je me garderais bien ;
Mais je puis dans mon cœur retrouver son image.
Il dort! il dort! et n'en saura rien !
Non, non, jamais, il n'en saura rien !

(Elle s'endort par degrés. — Petit silence.)

SCÈNE XI.

CÉLESTE, endormie; LE ROI.

(Musique à l'orchestre.)

LE ROI, ouvrant doucement la porte.

Bon! le mari doit être déjà loin !.. En m'enfermant, il a oublié que j'avais encore sur moi son bienheureux passe-partout... (Voyant Céleste.) Qu'ai-je vu ?.. Elle! seule et endormie !.. Vive Dieu !.. la rencontre est plus heureuse que je ne le pensais !.. car, maintenant, je n'ai pas si peur de vous, la belle !.. Et, d'abord, éteignons cette lumière qui n'est bonne à rien dans un tel rendez-vous.

(Il marche vers la table où est placée la lumière.)

CÉLESTE, s'éveillant.

Qui est là?.. C'est vous, Majesté?..

LE ROI, soufflant la lumière.

Maladroit!.. Elle m'a vu!.. (Haut, avec hardiesse et gaîté.) Oui, belle Céleste, moi-même... qui cette fois, du moins, n'aurai personne à combattre pour arriver jusqu'à vous!..

CÉLESTE, très agitée.

Ah! qu'avez-vous fait, Sire?.. Une telle obscurité, dans un pareil moment...

LE ROI, de même.

C'est justement ce que je voulais... On m'a dit que, la nuit, les amans étaient bien plus braves... et j'ai besoin, près de vous, d'une fière dose de courage!..

CÉLESTE.

Comment!.. vous, si timide tout à l'heure?..

LE ROI.

Laissez donc!.. La timididité n'est bonne que pour les poltrons... ou pour les enfans... et, mordieu!.. maintenant, je sens que je suis un homme!

CÉLESTE, reculant.

Vous m'effrayez!..

LE ROI.

Ta, ta, ta, vous n'aurez pas plus peur de moi que de l'autre!

CÉLESTE, étonnée.

De l'autre?..

LE ROI.

Oui, oui, de l'autre... et, désormais, je ne suis plus d'humeur à me laisser supplanter ainsi.

CÉLESTE.

Quel changement!

LE ROI.

Ah! ah! c'est que j'ai une tête, moi!.. et plutôt que de céder la place à mon rival...

CÉLESTE.

Un rival?.. Mais je vous jure que jamais personne n'a osé...

LE ROI.

Vraiment?.. Eh bien! tant mieux!.. c'est bien plus agréable!.. je serai le premier!

CÉLESTE, avec pudeur.

Ah! Sire!..

LE ROI.

Bah! bah!.. j'ai laissé dire votre mari avec ses idées... ses rubans et ses contes bleus... parce que ça me servait alors... mais, maintenant qu'il n'est plus là,.. je n'ai plus peur de vous compromettre à ses yeux.

CÉLESTE,

En vérité, je ne puis comprendre... Cessez ce langage, Sire, et songez plutôt aux périls qui vous environnent.

LE ROI.

Mauvaise raison!.. car je vous répète qu'il n'y a ici d'autre complot... (Avec passion.) Que celui de mon amour contre vos charmes.

CÉLESTE.

Qu'entends-je?..

LE ROI, gaîment.

Et s'il faut vous en prendre à quelqu'un... prenez-vous-en à maître Barnabé, qui a mis lui-même le loup dans la bergerie!.. Tant pis pour le berger!.. mais le loup se sent d'une audace!

(Il la lutine.)

CÉLESTE, suppliant.

Sire!.. de grace!..

LE ROI.

Vous, à mes genoux!.. (La relevant.) Je ne le souffrirai pas, belle mercière... c'est plutôt à moi de tomber aux vôtres.

CÉLESTE.

Que lui dire?.. comment lui résister?.. Et mon mari qui n'est pas là pour me défendre!.. Où se trouve-t-il en ce moment, je vous le demande?..

(On entend sonner le tocsin au fond du théâtre.)

LE ROI, montrant le fond.

Eh! parbleu! dans le clocher de Saint-Eustache.

CÉLESTE.

Lui?..

LE ROI.

Lui-même!.. Ne vous a-t-il pas dit: Tu entendras de mes nouvelles?.. et le voilà qui réveille mes bons bourgeois de Paris!.. Oh! il n'y va pas de main morte.

ENSEMBLE, avec la cloche en mesure.

Air : Quittons le moulin.

LE ROI.

C'est bien le tocsin,
Tin, tin, tin, tin;
Oui, j'entends soudain
Son timbre argentin.
Un hasard heureux
Vient combler mes vœux;
Mettons à profit
L'amour et la nuit.

CÉLESTE.

C'est bien le tocsin
Tin, tin, tin, tin;
C'est, dans le lointain,
Son timbre argentin.
Songez à mes vœux;
Soyez généreux.
Tout mon corps frémit,
L'effroi me saisit.

(Le tocsin s'arrête ici.)

LE ROI.

Allons, belle mercière,
Loin de nous tout effroi!
Ne faites pas la fière;
Songez que je suis roi!
L'amour, coûte que coûte,
A tous ses droits ici...
Et lorsqu'il n'y voit goutte,
Il est bien plus hardi.

(Il lui prend la taille.)

CÉLESTE.

Finissez!.. Si mon mari...

(Le tocsin reprend jusqu'à la fin de l'ensemble.)

LE ROI, gaîment.

Pas de danger!.. Il carillonne comme un sourd!

REPRISE DE L'ENSEMBLE.

C'est bien le tocsin , etc.

(Le tocsin s'arrête. On ouvre la fenêtre du fond.)

SCÈNE XII.

LE DUC, LE ROI, CÉLESTE.

CÉLESTE.

Ciel!.. on ouvre cette fenêtre!..

LE ROI, reconnaissant le duc à la lumière que projette le fond.

Il y avait quelqu'un sur le balcon... Le duc de Beaufort !...

CÉLESTE.

Il était donc vrai?

LE DUC, entrant et éternuant.

Atchim!.. bon, ça me manquait... me voilà comme le mari... c'est humiliant !

LE ROI, entraînant Céleste à droite.

Pas de bruit!

LE DUC.

Quel tintamarre est-il monté faire dans le clocher de Saint-Eustache!.. Profitons-en...

(Il redescend à gauche.)

CÉLESTE, voulant se dégager des mains du Roi.

Comment éviter?..

LE DUC, s'arrêtant court.

La voix de la mercière... elle est ici... Ah ! mordieu! cette fois, vous ne m'échapperez plus !

(Il s'avance à droite.)

CÉLESTE, tremblante et bas.

Il m'a entendue... me voilà entre deux feux !

LE ROI, bas, à Céleste.

Ne craignez rien, et laissez-moi faire.

(Il passe entre eux deux.)

LE DUC, à Céleste, d'un ton hautain.

On sait maintenant la cause de vos rigueurs ! Mais ventre-saint-gris!.. ma belle Lucrèce, il me faut des compensations.

LE ROI, à part, du même ton.

Ventre-saint-gris! vous en aurez, mon beau Tarquin !

DEUXIÈME COUPLET.

LE DUC, au roi, croyant parler à Céleste.

Cédez à mon délire.

LE ROI, imitant la voix de Céleste, et minaudant.

Songez à mon mari.

LE DUC, pressant la main du roi.

S'il veut que l'on conspire,
Conspirons contre lui.

CÉLESTE, tremblante.

Ma frayeur est mortelle!

LE DUC.

Il me faut un baiser.

LE ROI, minaudant.

Je serais trop cruelle
De vous le refuser.

(Le duc veut lui baiser la main.)

Mais que mon mari ne sache jamais...

(Le tocsin reprend jusqu'à la fin de l'ensemble.)

LE DUC, gaîment.

N'ayez donc pas peur, il est pendu à la cloche!

LE ROI, bas, à Céleste.

Vous l'entendez?

(Le duc lui baise la main, il en fait autant à Céleste.)

CÉLESTE.

Ah !

REPRISE DE L'ENSEMBLE.

(Le duc tombe aux genoux du roi, croyant être aux pieds de Céleste.)

SCÈNE XIII.

BARNABÉ, LE DUC, LE ROI, CÉLESTE.

BARNABÉ, paraissant au fond, un flambeau à la main.

Dieu!.. la fronde aux pieds de la monarchie! (Criant à la fenêtre.) Arrêtez, sonneur, arrêtez!

LE DUC, voyant le roi.

Sa Majesté! (A part.) Je ne m'étonne plus si je lui trouvais la main si douce!

(Il se relève.)

BARNABÉ, au roi.

Ne craignez plus rien... j'ai pris toutes mes mesures.

(Il va à la fenêtre.)

LE DUC, à part, gaîment en passant à gauche.

Je tirais les marrons pour le roi à présent... décidément, c'est une vocation!.. J'en serai pour mes 200 louis !.. (Haut, en s'approchant du roi et s'inclinant avec confusion.) Eh ! quoi ! Sire, c'est contre vous que cette nuit?.. Ah! pardonnez!..

LE ROI, bas, et souriant.

En faveur de votre galanterie, beau cousin...

BARNABÉ, en redescendant entre le duc et le roi.

Non, pas de pardon!.. nous sommes en force, maintenant... la bourgeoisie et le petit commerce se lèvent en masse.

VOIX, au dehors.

Vive le roi!

BARNABÉ, retournant à la fenêtre.

Écoutez vos fidèles!

LES VOIX.

Tendez les chaînes!..

UNE VOIX, en fausset comique.

A l'Arsenal !..

BARNABÉ.

C'est la voix de Pigache !..

Air : Final du premier acte des Blancs-Becs.

ENSEMBLE.

LE ROI et LE DUC.

Ah! quel tumulte et quel tapage!
C'est lui qui cause tous ces cris.
Pour une affaire de ménage,
Il va réveiller tout Paris!

BARNABÉ.

Ah! quel tumulte et quel tapage!

Avec transport j'entends leurs cris.
Je puis dire : C'est mon ouvrage,
Je lève en masse tout Paris !

CÉLESTE.

Ah ! quel tumulte et quel tapage !
C'est lui qui cause tous ces cris.
Il est tout fier de son ouvrage,
C'est le modèle des maris !

(Bruit en bas de l'escalier.)

BARNABÉ.

Silence !.. C'est Magloire qui revient des Innocens.

SCÈNE XIV.

LE DUC, BARNABÉ, MAGLOIRE, LE ROI,
CÉLESTINE.

MAGLOIRE, crotté, déchiré, son fallot éteint et brisé
à la main.

Air : Tire la ficelle.

Que d'accidents, que d'aventures !
J' n'ai r'çu depuis que j' suis dehors,
Qu' des horions et des meurtrissures !
Les jamb's me rentrent dans le corps !
Je suis cassé !
Je suis froissé !
Je suis crotté !
Même éreinté.
Je suis moulu !
Je suis rompu !
V'là c' que ça m'a valu !..

(Il est plus que jamais endormi et chancelant.)

BARNABÉ, avec enthousiasme.

Entendez, quel délire !
Tout va par enchantement,
C'est moi seul, oui, moi, Sire,
Qui fait tout ce mouvement !

(Ici, le rappel du tambour dans le lointain.)
Grands, petits, jusqu'aux mioches,
Empliss'nt ru's et carr'fours...

(Ici, le bruit de plusieurs cloches se marie au rappel
éloigné.)

Et tenez, v'là les cloches
Qui répond'nt aux tambours !

(Les désignant avec vivacité de droite et de gauche.
Un trémolo à l'orchestre.)

(Parlé.)

Saint-Laurent ! Saint-Gervais ! Saint-Germain-l'Auxer
(rois
Saint-Jacques-la-Boucherie, et plus loin Saint-Fran-
(çois !
Saint-Paul ! les Innocens ! Saint-Roch, puis, Saint-
(Merry !
Et voilà le bourdon de Notre-Dame aussi !...

BARNABÉ, s'appuyant sur Magloire.
Soutiens-moi, Magloire !..
MAGLOIRE.
Soutenez-vous vous même, vous m'écrasez,
patron !

BARNABÉ.

Je suis cassé !
Je suis froissé !
Je suis crotté !
Même éreinté !
Je suis moulu !
Je suis rompu ! !

(Ici, le bruit des cloches et des tambours cesse et s'arrête court, pour bien laisser entendre le mot
suivant.)

Enfin, je suis...

(Il éternue.)

LE DUC, l'arrêtant.
C'est entendu !..

MAGLOIRE.
Dieu vous bénisse, patron !
LE ROI, inquiet, et remontant un peu vers la fenêtre.
Le malheureux !.. Mais si cela continue, il va
mettre Paris à feu et à sang !..
BARNABÉ, avec fanatisme.
Pour la tête du roi !..
LE DUC, bas, en riant au roi, qui est redescendu
près de lui.*
Que ne songeait-il plutôt à la sienne !..
LE ROI.
Tubleu ! maître Barnabé, comme vous y
allez !..
BARNABÉ.
Voilà, Sire !.. mais croyez-moi, pour en finir...
sévissez contre vos ennemis ! (Montrant le Duc.)
et pendant que vous tenez là un des chefs de
l'enlèvement projeté contre Votre Majesté...
LE DUC, étonné.
Contre Sa Majesté ?..
BARNABÉ, d'un ton assuré.
Oui, oui !.. Magloire vous avait entendu don-
ner vos ordres, Monseigneur...
MAGLOIRE, vivement.
Contre vot' femme !..
BARNABÉ.
Ma femme !..
LE ROI, LE DUC, CÉLESTE, avec crainte.
Ciel !..
BARNABÉ, avec dédain.
Imbécille !.. Il n'a pas compris !..
MAGLOIRE.
Mais, patron...
LE DUC, l'arrêtant, et riant très fort.
Ah ! ah ! comment, il avait cru ?.. Ah ! ah !
c'est plaisant...
LE ROI, même jeu.
Ah ! ah ! ah !..
BARNABÉ, repoussant encore Magloire, qui va à
l'extrême droite.
Mais est-il bête !.. Oh !.. oh ! oh !..

(Il rit plus fort que les autres.)

* Le Duc, Le Roi, Barnabé, Magloire, Céleste.

SCÈNE XV.

LE DUC, LE ROI, BARNABÉ, CÉLESTE, MAGLOIRE, DUMONT, au fond, à mi-scène; OFFICIERS, près de la porte d'entrée.)

DUMONT, entrant, suivi de l'escorte.

Sire, Son Eminence arrive au Palais-Royal.

LE ROI, sautant sur lui-même.

Le cardinal de retour!..

BARNABÉ, triomphant.

Vivat! il saura que penser de la garde bourgeoise!..

DUMONT, bas, au roi.

J'ai amené un carrosse sans livrée...

LE ROI.

Bien!.. (Haut.) Eh! vite, rentrons... qu'il ne soupçonne jamais... (A Barnabé, en se reprenant.) Pour ne pas alarmer ma mère...

BARNABÉ.

C'est juste!..

LE ROI, regardant Céleste du coin de l'œil.

Mais, avant de vous quitter, maître Barnabé, en récompense de votre zèle pour notre personne, nous vous nommons mercier de la couronne!..

BARNABÉ, avec transport.

Quel honneur!.. Désormais, je prends pour enseigne : *Au Croissant couronné* !

LE ROI, continuant.

Ce titre vous donnera vos entrées dans mes petits appartemens... Et j'espère que vous y amènerez souvent votre femme ?..

CÉLESTE, émue, et baissant les yeux.

Sire, brillez sur le trône de France!.. Grace à vous, il sera le plus beau et le plus glorieux de tous!.. Mais, permettez à votre humble mercière de rester toujours à son comptoir.

BARNABÉ.

Soyez tranquille, Majesté, j'irai vous voir tout seul... ça reviendra au même...

LE DUC, bas, au roi, en riant.

Pas tout à fait... (Haut.) Du reste, brave sergent, montez toujours vos gardes exactement.

BARNABÉ, avec feu.

Plutôt dix fois qu'une !.. Atchim !...

LE ROI, à part.

Bon! je garde la petite clé!.. (Bas, au duc.) surtout, le secret devant le cardinal!..

LE DUC, de même, et souriant.

Et devant sa jolie nièce... Marie de Mancini.

LE ROI, à sa suite.

Mais, voici le jour venu... et l'alerte passée... partons!..

MAGLOIRE, joyeux.

Ah! enfin!.. tout le monde peut donc s'aller coucher!..

BARNABÉ.

Excepté toi, paresseux !.. Ouvre la boutique.

MAGLOIRE, d'un air piteux.

Merci, patron!.. C'est pour me remettre...

CHŒUR.

Air du Duc d'Olonne.

Jeune roi de France
Que ton peuple encense,
Ici ta présence
Nous honore tous !
D'amour, noble gage,
Reçois notre hommage !
Et sur ton passage
Réjouissons-nous !

LE ROI, au public.

Air de Julie.

Quand tout s'apaise et que la fronde semble
Ne plus devoir exciter mes frayeurs,
Il m'en reste une encor. Pourtant, je tremble
De rencontrer ici... d'autres frondeurs!..
Messieurs...

BARNABÉ, au roi.

Pardon, souffrez que je finisse...

(Au public.)

O vous, témoins de mon rhum' de cerveau,
Pour le calmer, revenez de nouveau

(Il éternue.)

Dire long-temps : « Dieu vous bénisse !.. »

REPRISE DU CHŒUR.

(Le roi se dispose à sortir. Barnabé prend le bras de sa femme. — Le rideau baisse.)

FIN.

PIÈCES DU RÉPERTOIRE DRAMATIQUE EN VENTE.

Le Toréador, coméd. en trois actes.	60	Delphine, drame-vaudeville, 2 act.	30	Eudoxie, comédie.	30	Une Chaise, comédie.	60
Miss Kelly, comédie en un acte.	30	Iudiana et Charlemagne, vaudevill.	30	Les Caprices, vaudeville.	40	Le Novice, com.-vaud.	30
Le Cheval du Créqui, comédie.	40	Le Dompteur de bêtes féroces.	30	Montbailly, drame.	50	Job et Jean, vaud.	50
Breteuil, comédie mêlée de vaud.	30	Francesco Martinez, drame.	40	La Grisette au vert, vaudeville.	30	Zizine, com.-vaud.	30
Un Neveu, s'il vous plaît, folie-vaud.	30	Les Pères d'une danseuse, vaud. ev.	20	Le Chevalier de Kerkaradec.	30	Les Secondes Noces, com.-vaud.	30
La Grisette et l'Héritière, comédie.	30	La ferme de Montmirail, pièce milit.	40	Grisette de Bordeaux, vaudeville.	30	La Jeunesse de Charles-Quin, op.-c.	60
La Belle Limonadière, coméd.-vau.	50	Une femme sur les bras, vaudeville.	30	Matelots et Matelettes, vaudeville.	30	Le vicomte de Létorière, com.-v.	60
Les Avoués en vacances, vaudeville.	50	L'Enfant de la Pitié, drame.	40	Mérani, comédie.	40	Les Fées de Paris, com.-vaud.	40
Au bout du monde, coméd.-vaud.	30	La Grand'Mère, comédie, trois act.	50	La Fille de Jarqueline, comédie.	40	Les Blancs-Becs, com.-vaud.	50
Les Trois Muletiers, mélodrame.	50	Sous une porte cochère, folie-vaud.	30	L'Automate de Vaucanson, opéra-c.	30	Jeannie-le-Breton, drame.	60
Fragoletta, comédie-vaudeville.	30	A la vie, à la mort, vaudeville.	30	L'Enfant prodigue, comédie-vaud.	50	Pour mon Fils, com.-vaud.	30
Le Lion du désert, en trois actes.	15	La Mère Godichon, vaudeville.	50	Le Mari de la Reine, comédie-vaud.	30	1841 et 1841, revue.	50
Ma Bête noire, vaudev. en un acte.	30	Les Trois cousines, vaudeville.	30	Le Chevalier du Guet, comédie.	30	Les Chevau-Légers, com.-vaud.	50
L'Amour d'un ouvrier, drame.	40	L'Homme heureux.	50	Treize à table, vaud.	40	Le sire de Baudricourt, com.-vaud.	40
Le Bigame, drame en trois actes.	40	Un jeune célataire, drame.	40	Le Mirliton, féerie.	40	Le diable à l'école, op.-com.	40
Le Prince d'un jour, vaudev. un acte.	30	Denise, drame.	50	Rosita, comédie-vaudeville.	40	Lucienne, com.-vaud.	50
Les Premières armes de Richelieu, comédie en trois actes.	50	Mariquen, pièce militaire.		Toby le Sorcier, comédie-vaud.	30	Les jolies filles de Stilberg.	40
		Un bal aux Vendanges de Bourgogne.	50	Trianon, comédie.	30	L'Enfant de chœur, vaud.	40
La Folle de Waterloo, drame.	30	Une Femme charmante, comédie.	30	La Porte secrète, drame.	40	Le Grand-Palatin, com.-vaud.	60
Le Marchand de Bois, vaudeville.	40	La Dame du second, vaudeville.	30	Juliette, comédie.	30	La Taute mal gardée, vaud.	40
Un Cas de conscience, comédie.	60	Louisette, vaudeville.	40	Reine Jeanne, opéra-comique.	40	Les Macéos, tab. popu.	40
Giuseppo, drame en cinq actes.	50	Une Révolution d'autrefois, tragédie.	40	Souvenirs et regrets.	30	Le duc d'Olonne, op.-com.	60
Les Pêcheurs du Tréport, vaudev.	30	La Meunière de Marly, comédie.	30	Flagrant délit.	30	Uringalet, com.-parade.	50
La Maupin, comédie en un acte.	30	Les Enfans d'Adam et d'Ève.	30	L'Amour en commandite.	30	Les Circonstances, com.-vaud.	40
Le Paradis de Mahomet, vaudeville.	30	Misère et Génie, drame.	60	Brigand et Philosophe, drame.	50	Cédre, drame héroïque.	50
Ève, drame lyrique.	50	Un Service d'ami, vaudeville.	30	Comte de Mansfeld, drame.	30	Les Mémoires du diable, vaud.	50
Paul Derbon, drame en cinq actes.	50	La Perruche, opéra-comique.	40	Les Guêpes, revue.	30	Mon Parrain de Pontoise, com.-v.	40
Suzanne, opéra en quatre actes.	50	Le Merluchoux, comédie.	30	Ralph le bandit, mélodrame.	50	La Chasse aux vautours, com.	40
La Première ride, vaud. en un acte.	50	L'Élixir de Fresbourg, opéra-comiq.	30	Chalot, comédie.	50	Les Batignolleur, vaud.-griv.	40
Les Maquignons, vaudeville.	40	L'École du monde, comédie.	50	86 moins un, vaudeville.	50	Une Femme sous les scellés.	50
Le Grand-Duc, proverbe.	30	Ango, drame en cinq actes.	50	Si nos femmes savaient, comédie.	50	Richard-cœur-de-lion, op.-com.	50
L'An Quarante, revue en un acte.	30	La Marchande à la toilette, comédie.	30	Le Tailleur de la Cité, comédie.	30	Les Aides de camp, com.-vau.	50
La Famille Fenterloche, vaudeville.	40	Zanetta, opéra-comique, en 3 actes.	50	Mme de Croustignac, vaudeville.	30	Oscar, comédie.	30
Mignonne, comédie en deux actes.	40	Le nouveau Bélisaire, vaudeville.	30	Pauline, drame.	30	Carabins et Carabines, vau.	50
Je m'en moque comme de l'an 40.	30	Les Garçons de recette, drame.	30	Montansier, vaudeville.	30	Le Mail à l'essai, vaud.	30
Le Tremblement de terre de la Martinique, drame en cinq actes.	50	L'Autre, vaudeville.	30	Madame Camus et sa demoiselle.	30	Les Deux factions, vaud.	40
		La Guerre de l'Indépendance, drame.	30	Les Bombi.	30	Jeux innocens, vaud.	40
Les Iroquois, revue en un acte.	20	Jean-Bart, vaudeville.	30	En pénitence.	30	Step en, drame.	50
Premier début de Dazincourt.	20	Marcellin, comédie-vaudeville.	30	Tyran d'une femme.	30	Chez un garçon, vaud.	40
L'Habit de grenadier, vaudeville.	20	Iphigénie, comédie-vaudeville.	30	Maître d'école.	50	Jaket's-Club, vaud.	40
Le Maître à tous, comédie.	50	Jarvis, drame.	50	Trois lignes.	50	Mérovée, vaud.	40
Trois Épiciers, vaudeville.	30	Dinah l'égyptienne, drame.	40	Le Pendu.	30		
Un Souper tête-à-tête, comédie.	30	Rifolard, vaudeville.	40	Un second mari.	50		
Lsanun, comédie.	50	La Servante du curé, vaudeville.	30	La Mère et l'Enfant se portent bien.	50		
La Cardeuse de matelas.	30	Les Pêcheurs, vaudeville.	30	Le Conscrit de l'an 8.	50		
Deux Filles de l'air, paff. en 2 actes.	50	La Calomnie, comédie.	40	Les Deux Serruriers, drame.	60		
L'Orangerie de Versailles, comédie.	40	Cyprien le Vendu, vaudeville.	40	Mlle Saïté, comédie.	50		
Le Mari de la Fauvette, vaudeville.	30	Les Mystères d'Udolphe, vaud.	40	Trois Étoiles.	50		
La Fille du régiment, opéra-com.	50	L'Honneur d'une femme, dra.	50	Lucrèce, comédie.	50		
Le Dernier Oncle d'Amérique, v.	20	Le Cent-Suisse, opéra-comiq.	30	Un grand Criminel, vaud.	40		
Blanca Contarini, drame en 5 actes.	50	La Grisette romantique, vaud.	30	Les Amours de Psyché, pièce fant.	50		
Le Chevalier de Saint-Georges, c.	50	Marco, comédie-vaudeville.	40	La Mère de la Débutante, com.	40		
Les Roué es du marquis de Lausac.	50	La Croix de Malte, drame.	40	Le Jettator, comédie.	40		
Le Zingaro, opéra.	50	La journée aux éventails, comédie.	40	Le Père Trinquefort, comédie.	30		
L'Abbaye de Penmarc'h, drame, v.	40	Mon Gendre, vaudeville.	30	Les Damans de la Couronne, o.-c.	60		
Carline, opéra-comique trois actes.	50	L'Opéra à la cour, opéra.	50	Carmagnola, opéra.	50		
Vision du Tasse, scène en vers.	20	Japhet, comédie.	50	Un Monstre de Femme, vaud.	40		
Les Pages de Louis XII, comédie.	30	Bob, comédie.	50	La Main de Fer, opéra-com.	50		
Attendre et Courir, vaudeville.	30	La mort de Gilbert, drame.	50	Endymion, vaud.	40		

En vente : Les 4 premiers volumes du RÉPERTOIRE DRAMATIQUE, formant la collection de l'année 1840. Ils sont ornés de portraits des principaux auteurs et acteurs. Prix : 6 fr. le volume.

PIÈCES EN VENTE DE LA MOSAÏQUE.

Une Chambrée de Savoyards.	30	Les vieilles amours.	30	Le Lierre et l'Ormeau.	30	La Piège à loup.	30
L'Homme qui tue sa femme.	30	C'est ma chambre.	30	Dernier vœu de l'Empereur.	30	Les Grischi à en Afrique.	50
Le Garçon d'écurie.	40	Un premier ténor.	30	Premières et dernières amours.	40	Le Début de Cartouche, com. v.	40
La descente de la Courtille.	40	Le docteur de Saint-Brice, drame.	40	La belle Tourneuse.	50	L'auberge de Chantilly, vaud.	40
La paix ou la guerre.	30	Les Invalides, vaudeville.	30	Le Boulevart du crime.	40	Benoît, drame.	50
Hassan, drame.	40	L'habit fait le moine.	30	Anita la Bohémienne.	50	Le Lauret, vaud. ville.	40
Torrino le savetier, drame.	40	Un jeu de dominos.	30	Le Bourreau des crimes.	40	Une Leçon d'actrice, comédie.	40
La Mère Saint-Martin, prologue.	30	L'Esclave.	30	Les Bains à quatre sous.	50	Les Noces de Jocrisse, fo. vaud.	40
Le Retour de Sainte-Hélène, à-prop.	20	Mazarin, comédie.	30	Mariette, com.-vaud.	40	Un Secret de femme, d. v. vaud.	40

En vente, à la même adresse : L'AIEULE, in-8°, 60 c. — LA MARQUISE DE SENNETERRE, in-8°, 1 fr.

NOUVELLES A LA MAIN

Un Volume in-32 Jésus, paraissant le 20 de chaque mois.

PRIX { Pour Paris . . . . 1 fr. » le volume; 24 volumes, 20 fr.
{ Pour la Province . . . 1 fr. 15 le volume; 24 volumes, 22 fr. 50.

Les personnes qui souscriront à l'avance pour 24 Volumes, ou une année entière, recevront l'ouvrage franco à leur domicile, soit à Paris, soit dans les départemens. — (ÉCRIRE FRANCO.)

Imp. de Mme de Lacombe, rue d'Enghien, 12.